기적의
도시
메데진

기적의 도시 메데진

마약의 수도는 어떻게 전 세계 도시의 롤모델이 되었나?

초판 1쇄 인쇄 2023년 1월 13일
초판 1쇄 발행 2023년 1월 20일

지은이   박용남
펴낸이   이영선

편집   이일규 김선정 김문정 김종훈 이민재 김영아 이현정 차소영
디자인   김회량 위수연
독자본부   김일신 정혜영 김연수 김민수 박정래 손미경 김동욱

펴낸곳 서해문집 | 출판등록 1989년 3월 16일(제406-2005-000047호)
주소 경기도 파주시 광인사길 217(파주출판도시)
전화 (031)955-7470 | 팩스 (031)955-7469
홈페이지 www.booksea.co.kr | 이메일 shmj21@hanmail.net

마약의 수도는
어떻게

전 세계 도시의
롤모델이 되었나?

박용남 지음

기적의
도시
메데진

서해문집

머리말

'리콴유 세계도시상' 수상 도시의 시장들이 모이는 2019 세계도시정
상회의에 참석하기 위해 콜롬비아의 메데진Medellín을 다녀온 지도
벌써 3년이 다 되어간다. 그사이 많은 일이 벌어졌다. 내게 도시를 보
는 눈을 가르쳐준, 세계적 생태도시 꾸리찌바의 전 시장 자이메 레르
네르Jaime Lerner가 세상을 떠났다. 늘 이정표 역할을 해준《녹색평론》
의 김종철 선생님, 내 글쓰기 작업을 언제나 독려하며 후원을 아끼지
않았던 박원순 서울시장도 돌아가셨다. 박 시장은 라틴아메리카 여행
을 함께한 뒤 언제쯤 책이 나오냐며 빨리 읽고 싶다는 말을 남겼는데,
이제야 그 대답을 하게 되었다.

　　메데진은 세계에서 가장 살인율이 높은 도시 중 하나였다. '살인
의 수도'라 불리던 1991년, 메데진에선 하루 평균 16명이 살해되었
다. 당시는 '마약왕' 파블로 에스코바르가 이끄는 메데진 카르텔을 적
으로 선언한 콜롬비아 자유당의 유력 대통령 후보 루이스 카를로스
갈란 사르미엔토Luis Carlos Galán Sarmiento가 암살당하는 등 무법천
지의 시대였다. 폭력은 주로 마약 밀매업자, 지역 갱단, 게릴라 세력이

일으켰다. 공포가 공론장을 지배하는 시대에 시민참여는 거의 불가능했다.

이런 곳을 혁신도시로 만들기 위해 새로운 정치 세력이 탄생했다. 탁월한 정치인과 도시계획가가 등장했으며, 다양한 영역에서 시민들의 창의적인 활동이 시작되었다. 그것을 추동한 기본 개념은 '사회적 도시계획'과 '도시침술'이었다. 이를 도구 삼아 메데진은 마약의 수도에서 혁신의 수도로 탈바꿈했다.

영화 〈배트맨 비긴즈〉(2005)는 독특한 홍보 방식으로 전 세계의 눈을 사로잡았다. 세계 여러 도시의 유명 건축물을 홍보 수단으로 이용한 것이다. 프랑스 파리의 에펠탑, 스페인 바르셀로나의 사그라다 파밀리아 성당, 중국 베이징의 만리장성, 서울의 63빌딩 등이 포스터에 등장했다. 각 건축물 위로 박쥐 떼가 습격하는 모습이 그려졌다. 포스터에는 도시나 건축물에 대한 별다른 설명이 없었지만, 사람들은 이미지만으로 어느 도시인지 알아차렸다. 도시를 상징하는 건축물 하나가 수많은 정보를 함축한, 영화와 관객을 잇는 커뮤니케이션 수단으로 활용된 것이다.

세계화가 진전되면서 건축물과 예술품은 관광 상품으로도 인기를 끌고 있다. 이제 사람들은 에펠탑과 브로드웨이를 파리와 뉴욕의 아이콘으로 받아들인다. 이름난 건축물이나 거리 자체가 도시의 이미지가 되고 정체성이 된 것이다. 그 좋은 사례가 바로 메데진이다. 물론 이 도시의 건축물과 시설 등은 흔히 랜드마크라 불리는 명소와 견주면 작거나 평범해 보인다. 미학적 가치는 분명하지만 형식적으로 단조로운 느낌도 든다. 그런 장소와 시설물이 어떻게 메데진의 아이콘으로 자리매김할 수 있었을까? 독자들은 이 책을 통해 그 이유를 짐작할 수 있을 것이다.

이 책을 쓰기 위해 두 차례 메데진과 보고타를 방문하면서 참고한 책과 논문, 언론 기사와 사진 자료 하나하나를 꼼꼼히 다시 살폈다. 《녹색평론》에 발표한 두 편의 글과 서울연구원에서 내놓은 워킹페이퍼 〈시클로비아의 세계 동향과 서울시에의 시사점〉(2021)에서도 적잖은 도움을 받았다. 이렇게 한 권의 책으로 정리하고 나니 마치 '라틴아메리카 총서'를 전문적으로 쓰는 저자가 된 기분이다. 이 책을 쓰며 나는 두 가지 소망을 가지게 되었다. 무엇보다, 도시에서 이미 망가질 대로 망가진 인간과 인간, 인간과 자연의 관계를 새롭게 복원하며 기후위기에도 능동적으로 대응할 수 있는 창의적이고 모험심 강한 전사들의 성장에 이 책이 작게나마 기여하길 바란다.

두 번째로는, 이 책이 한국 사람들이 미국·유럽 그리고 일본의 경험만 맹종하는 학문적·정책적 사대주의에서 벗어나는 계기가 되었으면 한다. 라틴아메리카 도시라고 해서 모두 우리나라 정치인이나 언론이 아무렇게나 내뱉는 포퓰리즘의 현장이 아니고, 몇몇 도시는 우리가 배워 마땅한 도시철학과 풍부한 경험을 가지고 있기 때문이다.

대학에 몸담은 친구들이 자조 섞인 목소리로 내게 말했다. 죽어라고 논문을 써봐야 대학원생 제자들 몇 명을 제외하고는 읽어주는 사람이 거의 없다고. 이에 나는 젊어서부터 대중적 글쓰기에 전념해왔다. 그렇게 쓴 책이 20년 넘게 독자들로부터 꾸준히 사랑받아온 《꿈의 도시 꾸리찌바》(녹색평론사)이다. 《기적의 도시 메데진》은 아마 그런 마음으로 내는 마지막 책이 될지도 모르겠다.

이 책은 7개 장과 그 앞뒤를 여닫는 프롤로그·에필로그로 구성된다. 프롤로그에서는 메데진이 '셀럽시티'라는 별칭을 갖게 된 사연을 비롯해 이 도시를 이해하는 데 요긴한 정보를 둘러본다. 실제로 구글의 키워드 검색 결과 건수를 비교해보면 메데진은 인구가 비슷한 대구광역시의 5~6배에 이르고, 메데진의 수식어 중 하나인 'social urbanism(사회적 도시계획)'이라는 키워드의 검색 결과 역시 3~4억 건이나 된다. 1장에서는 공포가 공론장을 어떻게 지배하고 있는지를 파악하기 위해, 내전과 마약의 도시였던 메데진의 과거와 상전벽해를 이룬 현재를 짝지어 살펴본다. 2장에서는 메데진을 세계적 혁신도시로 만든 인물들과 그들이 내세운 도시철학을 소개해보고자 한다. 3장에서 6장까지는 메데진이 추진해온 연결성과 이동성을 통합한 생태교통 체계, 혁신적인 도시재생 사업, 문화와 기술혁신을 통한 행복도시 창조, 감염병과 기후위기 극복 전략 등을 살펴본다. 7장에서는 기후위기 시대의 가장 중요한 시책이자 건강도시 전략의 하나인 시클로비아가 어떻게 탄생했고, 그것이 어떻게 보고타에서 전 세계로 전파되었는지를 분석한다. 에필로그에서는 셀럽시티 메데진의 그늘과 향후 과제 등을 개략적으로 고찰한다.

메데진과 보고타의 혁신적 실험을 배울 수 있도록 물심양면으로 도와준 분들께 깊은 감사의 인사를 전하고자 한다. 특히 고인이 되신 김종철 선생님과 박원순 시장, 그리고 취임 초부터 도움을 요청해 인연을 맺은 김승수 전 전주시장께 감사드린다. 또 평생 고생만 시킨 아내 양낙미 교수와 두 딸 지연과 홍주에게도 특별히 고마움을 전하고 싶다. 머잖아 칠순을 맞는 나이에도 세상과 적당히 타협하지 못하고 독불장군처럼 살아가는 무능한 남편과 아빠를 묵묵히 지켜보며 격려와 위로를 건넨 가족이 아니었다면 이 책은 세상에 나오지 못했을 것이다. 독촉이나 불평 없이 긴 시간 원고를 기다려준 서해문집에도 감사의 인사를 전한다.

2023년 1월

박용남

차례

프롤로그

도시들의 도시,
셀럽시티 메데진

'셀럽celeb'. 나는 이 말을 TV에 나오는 유명한 사람들에게만 쓰는 줄 알았다. 그런데 캐나다 요크 대학교의 루이사 소토마요르Luisa Soto-mayor 교수는 국제사회에서 명성을 얻고 있는 몇몇 도시에도 셀럽이란 수식어를 붙여 설명한다.

도시계획과 정책을 연구하는 학자들이나 집행하는 공무원들은 오늘도 새로운 아이디어를 찾기 위해 전 세계를 탐방하고 있다. 이 과정에서 어떤 도시들은 시대의 가치와 도전을 대표하는 위상을 얻었다. 스페인의 바르셀로나와 빌바오는 도시재생의 모델로 인정받고 있으며, 미국의 포틀랜드와 브라질의 꾸리찌바는 환경계획과 성장관리 분야에서 높은 평가를 받고 있다. 또 브라질의 뽀르뚜알레그리는 주민참여 예산제 덕에 시민참여를 상징하는 도시로 자리매김했으며, 최근에는 명성이 조금 퇴색했지만 콜롬비아의 보고타도 지속가능한 교통과 도시행정 분야에서 손꼽히는 도시다.

가난과 폭력의 도시가
가장 아름답고 교양 있는 도시로

최근 들어서는 국제사회의 눈길이 콜롬비아의 메데진Medellín을 향하고 있다. 불과 얼마 전까지 이 도시는 내전과 마약, 그리고 폭력으로 점철된 디스토피아로 묘사되었다. 그런 범죄도시가 잿더미 속에서 부활한 불사조처럼 새롭게 등장해 요즘은 지구촌의 가장 뜨거운 셀럽으로 부상하고 있는 것이다. 지난 20여 년간 국제사회가 메데진에 수여한 굵직한 상만 70~80개에 이른다.

메데진은 2013년《월 스트리트 저널》과 도시토지연구소Urban Land Institute가 뽑은 '세계에서 가장 혁신적인 도시'에 선정되었고, 하버드 대학교가 주관하는 베로니카 러지 그린 도시계획상Veronica Rudge Green Prize in Urban Design을 수상했다. 2016년에는 도시 솔루션과 지속가능한 도시개발 분야에서 혁신적인 공로를 인정받아 리콴유 세계도시상Lee Kuan Yew World City Prize을 받기도 했다. 2019년《FDI 인텔리전스》(영국《파이낸셜 타임스》에서 발간하는 투자 분석 리포트)는 외국인이 투자하기 좋은 도시를 평가하면서 뉴욕, 시카고, 몬트리올에 이어 메데진을 4위에 올리기도 했다.

또한 2015년《가디언》은 문제가 많은 도시를 개혁하는 시장들과, 그들의 리더십에 힘입어 변모하는 도시들을 조망하면서 베를린, 파리, 뉴욕, 서울 그리고 메데진의 각 수장을 가장 혁신적인 시장으로 소개한 바 있다.' 이때 내 눈길을 가장 끈 인물도 단연코 세계 최악의 마약과 폭력의 도시를 혁신도시로 바꾼 메데진 시장 세르히오 파하르도Sergio Fajardo였다.

메데진 시장직을 마친 파하르도는 안티오키아 주지사를 역임(2012~2016)하고, '콜롬비아 콤프로미소 시우다다노Compromiso Ciudadano por Colombia'의 후보로 대통령 선거에 도전하기도 했다. 이를 통해 그는 보고타 시장을 지낸 안타나스 모쿠스Antanas Mockus, 엔리케 페냘로사Enrique Peñalosa와 함께 콜롬비아와 국제사회에 가장 널리 알려진 지방자치단체장이자 정치인이 되었다. 폭력과 살인이 일상화되고, 아부라 계곡의 경사지를 따라 슬럼들이 무분별하게 영역을 넓혀가던 전형적인 제3세계 도시 메데진. 미국 유학파로, 수학자 출신인 파하르도는 이 도시를 고도의 방정식을 풀듯 세계 최고 수준의 도시로 재생하기 시작했다.

마약 산업과 내전이 절정이던 시기의 메데진은 '공포의 도시'였다. 공포가 공론장을 지배하는 사회에서는 시민들이 시정에 참여하거나 시민권을 행사하기가 몹시 어렵다. 지난 30여 년간 이 공포에 맞선 수많은 NGO 활동가와 지역사회 지도자, 정치인이 살해 위협을 받거나 실제로 살해당했다. 그런 환경에서 메데진 사람들은 어떻게 도시를 혁명적으로 바꾸었을까?

이들은 파하르도의 슬로건처럼 '가장 가난한 마을에 가장 아름다운 건축물'을 세우고, '가장 교양 있는 도시'를 만들었다. 메데진은 도시침술urban acupuncture(특정 지역에 자극을 줘 주변 지역까지 되살리는 도시재생 방법)과 사회적 도시계획social urbanism이란 개념을 창조적으로 융합해 만든 도시다. 여기에는 세르히오 파하르도와 같은 정치인뿐만 아니라, 유능한 계획가와 건축가 집단의 존재도 큰 몫을 차지했다. 물론 무엇보다 중요한 동력은 참여예산제를 운영하는 등 도시계획의 수립·집행에 시민들이 능동적으로 함께한 것이다.

2000년경부터 지금까지 계속된 메데진의 도시혁신 실험들은, 브라질의 생태도시 꾸리찌바의 실험이 그랬듯, 전 세계 도시와 국제 사회의 주목을 받고 있다. 이제부터 그 메데진을 열심히 탐구해볼까 한다. 그에 앞서 우선 메데진의 과거와 현재를 간단히 알아보자.

메데진의 봄 여름 가을 겨울, 그리고 봄

메데진은 콜롬비아에서 보고타에 이어 두 번째로 큰 도시로 안티오키아Antioquia주의 주도다. 안데스 산맥 중부의 아부라 계곡Aburrá Valley에 들어서 있다. 2020년 기준 메데진의 인구는 약 257만 명이고, 면적은 380.64km²이다. 아부라 계곡 대도시권으로 확장하면 1152km²의 면적에 373만 명이 거주하고 있다.

고도 1495m, 연평균 기온이 22℃로 연중 쾌적한 기후를 자랑하는 메데진은 '영원한 봄의 도시La Ciudad de la Eterna Primavera'로 불린다. 스페인 식민 시대까지는 그만그만한 규모였던 메데진 인구는 1905년 6만 명에서 1951년 36만 명으로 급증했다. 커피 생산 등 농업이 중심이던 도시의 주력 산업이 20세기 중반 이후 섬유업 등 제조업으로 바뀌면서 인구가 늘기 시작한 것이다. 전국적 규모의 상인과 기업가 계급이 메데진에 처음 등장한 것도 이 시기부터였다.

1950년대 들어 인구가 가파르게 증가하자 산업가, 무역업자, 지역정부는 '메데진 마스터플랜MMP'을 만들어 콜롬비아 최초의 메트로폴리탄(대도시권) 지역을 건설할 계획을 세웠다. 폴 레스터 위너Paul Lester Wiener와 호세 루이스 세르트José Luis Sert는 이 프로젝트를 이

끈 건축가들이다. MMP는 메데진강의 운하화, 계곡 경사면의 새로운 정착지 관리, 과야발 지구Guayabal District의 산업지구 조성, 강과 조화를 이루는 도시계획 추진, 도시 경기장 건설, 라 알푸하라La Alpujarra 행정 중심지 조성 등을 골자로 했다.

제1차 오일 쇼크가 시작된 1973년 메데진의 인구는 107만 명이었다. 20년 새 무려 3배가 증가한 것이다. 이런 인구 폭발은 예상하지 못한 일이었다. 대규모 이주는 현대화한 섬유 공장에 노동력을 제공했지만, 또한 새로운 도시문제를 야기하기도 했다. 실업률 증가, 빈곤 지역의 주택 및 행정 서비스 부족, 폭력과 마약 밀매, 교통 시스템의 수용능력 포화 등의 문제가 닥친 것이다.

또한 당초 MMP에서 고려하지 않은 지역이 도시의 영역으로 들어오면서 메데진의 경계는 엔비가도Envigado, 베이요Bello, 이타귀

Itagüí 같은 아부라 계곡의 다른 지역으로까지 확장되었다. 새로 유입된 정착민, 특히 농민이나 국내 실향민은 집을 장만할 여력이 없었기에 계획구역 너머에 불법 주택이 우후죽순 들어섰다. 이런 비공식 정착지가 산의 경사면이나 계곡을 점거하면서 개울이 침식되고 수질이 오염되었다. 게다가 잦은 비와 경사면의 토양 구성 변화로 산사태나 홍수의 위험이 증가했다. 1987년 비자티나Villatina 마을에서는 기어이 산사태가 일어나 주민 500명이 사망하는 참사가 발생했다.

1980~1990년대는 메데진의 역사에서 가장 어둡고 어려운 시기였다. 고공행진하는 실업률과 만연한 폭력, 비공식 정착지의 끊임없는 확장이 악순환하며 이 도시를 괴롭혔다. 도시 산업기반이 붕괴하면서 불법 마약시장이 그 자리를 채웠다. 비공식 정착지는 마약 카르텔의 활동 기반이자, 내전이 벌어진 시기에 반정부 단체를 은폐해주는 온상이 되기도 했다.

2000년대 이후 20여 년간 이어진 도시의 부활이라는 기적은 메데진의 전 구성원이 피와 땀으로 이룩한 성과다. 오늘날 메데진 대도시권의 경제력은 안티오키아주 국내총생산GDP의 67%, 콜롬비아 경제의 11%를 차지한다. 이 같은 규모를 자랑하는 콜롬비아 2대 경제권 중 하나이자 최고의 수출지역은 어떻게 만들어진 것일까? 이를 본격적으로 살펴보기 전에 필요한 정보를 간단히 안내한다.

메데진의 행정구역은 16개의 코무나comuna와 5개의 코레히미엔토corregimiento, 그리고 249개의 바리오barrio로 구성된다. 코무나는 도시부의 행정구, 코레히미엔토는 농촌부의 지방 행정구를 뜻한다. 바리오는 도시의 한 구역, 즉 마을을 의미한다.

메데진 주변에는 9개의 위성도시가 있는데, 아부라 계곡의 북쪽

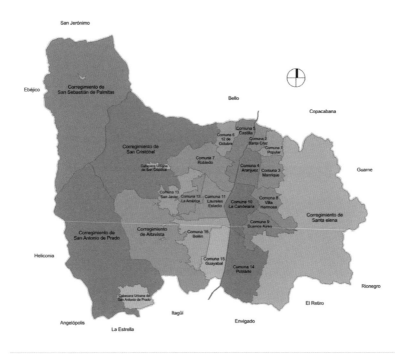

메데진의 행정구역

에 베이요, 코파카바나Copacabana, 히라르도타Girardota 및 바르보사
Barbosa, 남쪽에 이타귀, 엔비가도, 사바네타Sabaneta, 라에스트레자La
Estrella 및 칼다스Caldas가 자리하고 있다. 메데진과 이 위성도시 9곳
을 한데 묶어 '메데진 대도시권Medellín Metropolitan Area' 혹은 '아부
라 계곡 대도시권Área Metropolitana del Valle de Aburrá'이라 칭한다.

　　한편 메데진에서는 (행정구역상의 구분과 별개로) 지역별 거주 여
건을 고려해 '계층estrato'을 나누고, 이에 따라 각종 공공요금을 차
등 부과하고 있다.* 즉 잘사는 지역은 공공요금(수도·전기·가스 및 전화·

---

*　등급 구분이 없는sin estrato 지역은 수도, 전기, 가스 등 공공 편의시설 사정이 열악하다.

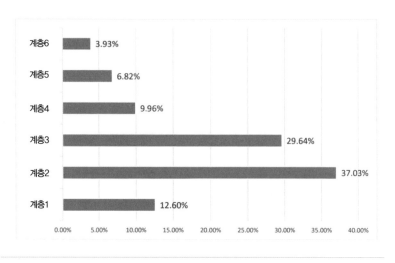

메데진의 지역계층별 생활인구 분포

인터넷 사용료)이 비싼 편이며, 이런 지역은 물가 또한 높다. 메데진 전역은 6개의 계층으로 구분된다. 가장 잘사는 계층6 지역의 인구 비중은 3.93%, 그다음인 계층5 지역은 6.82%이다. 가장 가난한 계층1 지역의 인구 비중은 12.6%이고, 그다음인 계층2 지역에는 37.03%가 분포한다. 행정구역별로 보면 코무나14(엘포블라도El Poblado) 거주자가 가장 잘살고, 그다음으로 코무나11(라우렐레스Laureles), 12(라아메리카 La América)와 16(벨렌Belén) 지역 일부에 고소득 계층이 밀집해 거주하는 것으로 나타난다. 반면에 코무나1(포풀라르Popular), 2(산타크루스 Santa Cruz), 3(만리케Manrique), 6(도세데옥투브레Doce de Octubre), 7(로블레도Robledo) 그리고 13(산하비에르San Javier) 지역 일부에 빈곤층이 집중 거주한다. 이는 메데진의 지리적 불평등과 불균등 발전이 심각한 수준이라는 것을 보여준다.

1

도시가
마약과 작별하는 법

슬프게도 우리, 우리 아이들,
우리 아이들의 아이들은
이마에 파블로 에스코바르의 이니셜이
새겨진 흉터를 갖게 될 것이다.

그러나 우리는 기억이
우리의 과거를 지울 때까지
기다릴 수 없다.

파블로 에스코바르와
메데진 카르텔

한국인들에게 메데진 하면 떠오르는 인물을 물어보면 뭐라고 답할까? 아마도 마약왕 파블로 에스코바르Pablo Emilio Escobar Gaviria를 꼽을 것이다.

그는 1949년 안티오키아주의 동부에 있는 작은 도시 리오네그로Rionegro에서 농부인 아벨 에스코바르의 일곱 자녀 중 셋째로 태어났다. 가난한 생활을 하다가 메데진으로 이주해 라틴아메리카 자치대학교에 입학했지만 중퇴한 것으로 전해진다. 그 후 소매치기, 담배 밀매, 가짜 복권 판매, 자동차 절도 등 사소한 범죄에 관여하다가 마리화나를 다루기 시작했고, 1970년대에 들어서는 미국에서 가장 유행하던 마약인 코카인을 취급하는 사업에 본격적으로 뛰어들었다. 22세때는 이미 메데진 일대를 주름잡는 마약상으로 거듭났고, 1976년에는 세계 최대의 마약 조직인 '메데진 카르텔'을 결성하기에 이르렀다. 이를 기반으로 미국 내 마피아 및 갱단과 연합해 한때는 전 세계 코카인 시장의 약 70~80%를 주물렀고, 일주일에 수억 달러를 벌어들이며 돈다발을 묶는 고무줄을 사는 데만 매달 2500달러를 지출했다고 한다.

에스코바르는 마약 시장의 경쟁자인 조폭과 게릴라를 무자비하게 때려잡고 경찰을 뇌물로 매수하는 한편, 빈민가에서는 자선사업을 적극적으로 펼쳐나갔다. 그는 자신을 밑바닥에서 시작해 대기업을 일군 성공한 사업가로 포장했고, 급기야는 콜롬비아 양대 정당에 정치 자금을 대며 스스로 정치인이 될 결심까지 하게 된다.

콜롬비아 정부가 내전과 오일 쇼크로 제 역할을 다하지 못하던 시기, 마약으로 번 돈 일부를 메데진의 사회 인프라와 복지 사업에 투자하고, 빈민층에게 직접 나누어주기도 했다. 빈민들이 사는 바리오에 학교와 병원을 건설하고 노숙자와 걸인을 위해 무료 급식소도 열었으며, 성당과 주택을 대대적으로 수리하고 심지어 축구팀까지 만들었다. 이런 노력 덕분에 자연스레 주민들의 인심을 얻게 되면서 에스코바르는 '빈민들의 로빈 후드'라는 별명까지 얻었다. 이를 기반으로 콜롬비아 자유당에 입당하고, 1982년에는 총선에 출마해 국회의원에 당선되기도 했다.

그러나 정치인으로서 주가가 한창 올라가고 있을 즈음 법무부 장관 로드리고 라라Rodrigo Lara가 에스코바르의 범죄 행위와 경찰 매수 등 비리를 폭로하고, 나아가 마약왕이라고 비난을 가했다. 이에 에스코바르가 라라를 암살하자 마약으로 골머리를 앓던 미국과 콜롬비아 정부는 합동작전을 벌이게 된다. 그러나 에스코바르는 국회의원직에서 쫓겨나 도망자 신세가 된 뒤에도 콜롬비아군과 정치인, 경찰, 사법부, 게릴라 등을 매수하며 떵떵거렸고, 살인과 테러를 일삼으며 콜롬비아 정부의 진을 뺐다.

에스코바르는 사면을 조건으로 콜롬비아 정부의 부채를 자신이 대신 갚겠다고 선언했지만, 미국의 눈치를 보던 콜롬비아 정부는 그의 제안을 거절한다. 그 후 에스코바르는 정부와 협상 끝에 자신이 직접 지은 감옥 '라 카테드랄La Catedral'에 스스로 수감됐다. 특급 호텔보다 호화로운 축구장 180개 크기의 교도소에는 정원과 수영장, 당구장, 볼링장, 나이트클럽, 바bar도 설치되어 있었다고 한다. 교도관도 에스코바르가 직접 선발했고, 외출도 자유로웠다고 한다. 그러나 라 카테드랄에서도 마약 사업을 계속하던 에스코바르를 소환하려는 미국 정부의 압박이 심해지면서 그는 탈옥을 감행하게 된다.

수배자 신세가 된 에스코바르는 메데진 빈민들의 도움으로 도피 생활을 이어갔다. 그 와중에도 자신의 가족이 독일에서 입국을 거부당한 것을 빌미로 대통령궁 근처에서 폭탄 테러를 자행했다. 이때 다친 사람들 대부분이 어린이여서 콜롬비아 국민들의 공분을 샀고, 정부도 더 참지 못하고 수사기관과 군대를 동원해 미국 마약단속국DEA과 함께 에스코바르를 추적하기 시작했다. 에스코바르는 보고타에 있던 아들과 통화하다가 위치가 발각되었고, 미국 마약단속국과 콜롬비아 특수부대가 투입되어 체포 작전에 나섰다. 1993년 12월 메데진의 중산층 바리오인 로스올리보스Los Olivos의 은신처를 수색대가 급습하며 총격전이 벌어졌고, 에스코바르는 경호원과 함께 도주 중 사살되었다.

세계 최대 마약 카르텔의 보스였던 그의 재산은 얼마나 되었을까? 경제지 《포브스》에 따르면 1980년대 후반 당시 추정 자산이 약 300억 달러(36조 원)로, 세계 7위의 부자에 올랐다. 요즘 가치로 환산하면 80조 원이 넘는 엄청난 액수이다.

에스코바르는 "돈 아니면 총알Plata, o plomo"이라는 전략을 구사한 인물이다. 그는 정치인, 공무원, 경찰과 판·검사에게 "내게 협조해 부자가 되거나 아니면 내게 적대하면서 죽거나 둘 중 하나를 선택하라"고 말했다. 협조하는 인사에게는 거액의 자금을 주고 자신이 가진 군사력을 이용해 철저한 안전도 보장해줬지만, 협조하지 않는 사람에게는 어김없이 총알 세례를 날렸다. 1989년 콜롬비아 대통령 후보였던 세사르 가비리아Cesar Gaviria를 살해하기 위해 아비앙카 항공 203편에 대한 항공기 테러를 감행해 애꿎은 승객 110여 명이 죽은 일도 있었다. 다행히 이 비행기에 타지 않은 가비리아는 나중에 28대 대통령이 되지만, 이 항공기 테러는 에스코바르에게 맞서는 자의 말로를 보여주는 상징적 사건이었다. 1970년대 초부터 20여 년간 메데진 시민들은 이렇듯 죽음의 공포에 떨며 살아야 했다. 그것이 도시에 어떻게 각인되었는지, 또 시민들의 마음에 얼마나 큰 트라우마를 남겼는지도 한번 진지하게 생각해볼 문제다.

마약 산업과 대중문화

콜롬비아에서는 멕시코와 마찬가지로 수많은 소설, 노래, 드라마와 예술작품이 마약 밀매와 관련된 이야기나 역사를 묘사하고 있다. 사람들은 이것을 '마약 유산'으로 간주한다. 라틴아메리카에서는 콜롬비아 TV 시리즈 〈파블로 에스코바르: 악의 비호자Pablo Escobar: El patrón del mal〉(2012)가 유명하고, 세계적으로는 넷플릭스가 공개한 30부작 범죄 드라마 〈나르코스Narcos〉(2015~2017)가 널리 알려져 있다. 두 작품은 모두 마약왕 에스코바르의 삶을 그리고 있다. 실제로 콜롬비아와 메데진의 대중문화에 에스코바르가 끼친 영향이 적지 않다.

팀 딜레이니Tim Delaney와 팀 매디건Tim Madigan이 지적했듯 대중문화는 "개인을 더 큰 사회에 연결하고 이상에 대중을 통합"함으로써 커뮤니티의 정체성 형성에 기여할 수 있다.[2] 그러나 대중매체를 통해 전달되는 요소가 다른 요소와 경쟁하거나 충돌하기도 한다.

에스코바르와 관련된 여러 장르의 대중문화는 전 세계에 널리 알려졌지만, 콜롬비아 국민, 특히 메데진 시민들은 이에 적잖은 거부 감을 드러낸다. 마약 거래에 대한 반감을 폭넓게 공유하는 메데진 시민들은 나르코narco(마약) 폭력을 대단히 심각한 문제로 인식한다. 그럼에도 불구하고 메데진에서는 일상생활에 뿌리박힌 마약 밀매와 폭력이 익숙한 것과 낯선 것을 연결하는 현대 신화의 구축에 크게 기여해왔다. 대중문화 산업에 종사하는 기업가들에게는 마약 밀매와 폭력에 시달리는 사람들의 비정상적인 삶이 영감의 원천이 된다. 영화, 드라마, 소설 등에서 마약은 흔히 낭만적이고 매력적인 이미지로 포장되어 있기에 다른 지역 사람들에게 흥미를 불러일으킨다. 이 도시의 일상에는 이렇듯 국내외 사람들, 특히 관광객의 관심을 끄는 '기이함'이 있기에 미디어 및 관광 산업에서 이를 상품화하는 것이다.

메데진의 마약 역사에 대한 이야기를 제작하고 배포하는 기업들은 경쟁이라도 하듯 다양한 수준의 표현을 선보인다. 어두운 과거를 인정하고 마약 산업 피해자의 권리를 인정하는 것에서부터 에스코바르를 정당화하는 것에 이르기까지 다양하다. 관광과 대중문화는 에스코바르와 관련된 표현과 담론을 보급하는 주요 수단이다. 이를 통해 확인되지 않은 사실이 확산되고, 이 어두운 인물에게서 비롯된 특정 이미지들 또한 강화되고 있다.

하지만 에스코바르가 저지르거나 사주한 수많은 테러를 비롯해 그의 삶과 관련된 여러 가지 사건의 진실성에 대한 구체적인 합의가 이루어졌다. 앞서 언급한 1989년의 비행기 테러는 그의 가장 악명 높은 행동으로 손꼽힌다. 그 밖에 여전히 논쟁 중이거나, 도시의 전설로 콜롬비아 국민에게 각인된 역사적 사건들도 있다. 이를테면 콜롬비아의 외채를 대신 갚아주겠다고 한 에스코바르의 제안, 보고타의 대법원을 점령할 때 게릴라 그룹 M19와 맺은 관계, 또는 호화 감옥에서의 에피소드 등이다. 이것들은 텔레비전, 영화, 문학, 그리고 관광을 통해 국제사회에 널리 중계되었다. 이 사건들이 에스코바르의 아우라를 구축하는 데 도움이 되었으며, 엘살바도르 신문《엘 파로El Faro》가 언급했듯이 그를 "세계에서 가장 살아 있는 죽은 자 중 하나"로 만들었다.

에스코바르의 행적, 특히 메데진에서의 자선 행위를 두고 역사는 모호한 태도를 취해왔다. 에스코바르가 가난한 자들에게 금전적·물질적 지원을 해준 것은 틀림없는 사실이지만, 이는 무엇보다 그의 정치적 열망에서 비롯된 행동이었다. 그럼에도 이런 사실은 곧잘 낭만적으로 포장되어 마약왕을 국가가 내팽개친 지역사회를 도운 현대판 로빈 후드로 탈바꿈시켰다. "파블로가 어느 지역 축구장에 조명 시설을 설치해준 것이 스포츠센터 하나를 통째로 지어준 것으로 부풀려졌다"는 소문도 전해진다. 또 엘포블라도와 같이 부유한 지역의 인프라를 에스코바르가 대부분 건설했다는 왜곡도 일어났다고 한다. 성격은 물론 행동도 이중적이었던 에스코바르를 훌륭한 기업가이자 리더라고 평가하는 일도 종종 있었다.

에스코바르의 자수성가는 기업가 정신을 중시하는 메데진에서 어느 정도 자연스러워 보이는 측면도 존재한다. 섬유업이 번성한 메데진에서 제약산업이 출현하기 전에 코카인 사업으로 엄청난 성공을 거둔 에스코바르를 두고 기업가 정신을 가진 인물이라는 평판이 있었고, 일부 메데진 시민은 그를 "예리한 사업가이자 실용적인 기술관료"라고 치켜세웠다. 모두가 그를 필요에 따라 열심히 일하는 사람, 투사, 물질적 성공에 큰 애착을 보이는 사람으로 묘사하고 있다. 합법적이건 불법적이건 수단을 가리지 않고 돈을 벌겠다는 생각을 에스코바르가 가졌던 것은 분명하다.

1980년대에는 메데진에서 '마약 밀매narco-trafficking'가 나쁜 짓으로 간주되지 않았다고 한다. 오히려 마약 밀매업자를 영리한 사업가로 여겼다. 어떻게든 돈을 빨리 벌자는 문화가 사회 전체에 만연해 있었고, 그 방법이 선한지 악한지는 묻지 않았다는 것이다. 이것 또한 자신들의 역사라는 사실을 메데진 시민들도 부인하지는 않는다.

에스코바르는 가톨릭교회의 재정에 크게 기여한, 사랑스러운 가족이자 독실한 종교인으로 언급되기도 한다. 이런 식으로 불확실한 내러티브가 논란이 되는 역사적 사실의 전파에 기여하거나, 에스코바르의 특정 이미지를 뒷받침하기도 한다. 에스코바르를 지나치게 단순화하여 상품으로 포장하다 보니 그에게 기업가적 면모나 가족적·종교적 이미지를 덧붙이게 되고, 그중 어떤 것은 메데진의 집단 정체성을 구성하는 핵심 가치로 간주되기도 한다.

<나르코스>와 도시 폭력

<나르코스>는 마약왕 파블로 에스코바르와 그의 왕국 메데진 카르텔, 그리고 그를 뒤쫓는 미국 마약단속국의 이야기다. 넷플릭스를 통해 세계 전역에 소개된 이 드라마를 콜롬비아, 특히 메데진 사람들은 어떻게 생각할지 무척 궁금했다. 콜롬비아인들의 글과 입장, 그리고 메데진을 방문해 직접 들은 얘기를 종합해보면 이들은 크게 세 가지 점에서 문제가 있다고 불평하거나 비판한다.

1. <나르코스>는 콜롬비아, 특히 메데진에 대한 부정적 고정관념을 영속화한다. <나르코스>에 나오는 콜롬비아인은 모두 범죄자, 부패한 경찰관 또는 출세하려는 섹시한 여성으로 그려진다. 이 드라마에는 마약과 그로 인한 폭력에 고통받는 콜롬비아인이 거의 나오지 않는다. 현지에서 만난 사람들은 <나르코스>가 흥미로우며 성공한 드라마라는 걸 인정하면서도 콜롬비아와 이 나라 사람들에게 부정적인 이미지를 덧씌운다고 말했다.

2. <나르코스>에서 주요 역할을 맡은 몇몇 배우들의 연기력에도 적지 않은 불만을 가지고 있었다. 예를 들어, 에스코바르 역을 맡은 브라질 배우 바그네르 모라Wagner Moura의 강한 브라질 억양, 에스코바르의 아내 역을 맡은 파울리나 가이탄Paulina Gaitán의 멕시코 억양이 몹시 거슬렸다고 비판했다. 콜롬비아에도 훌륭한 배우가 많은데, 주요 배역에 외국 배우를 섭외한 것에 대한 불만이기도 했다.

3. 파블로 에스코바르 사후 메데진은 국제사회에서 주목받는 '핫한' 도시로 바뀌었고, 콜롬비아도 더 이상 마약과 내전으로 신음하는

나라가 아님에도 여전히 부정적으로 묘사되는 데 대한 비판도 적지 않았다. 세계 유수의 기관·언론에서 '가장 혁신적인 도시'로 선정되는 등 그간 메데진이 이루어낸 성과와 변화를 무시당한 채 '마약의 수도'로만 주목받는 것에 메데진 시정부와 시민들은 상당한 거부감을 보인다.

요컨대 〈나르코스〉는 미국의 왜곡된 시각에서 콜롬비아를 바라본 드라마라는 것이다. 〈나르코스〉는 에스코바르에 맞선 마약단속국 요원들의 입장에서 전개된다. 콜롬비아에 대한 부정적 관점을 전제한 셈이다. 현지에서 만난 대다수 메데진 시민은 마약왕 에스코바르 얘기만 나오면 슬그머니 화제를 돌리거나 대화를 피했다. 그들의 트라우마를 짐작할 수 있는 일면이다. 콜롬비아와 메데진에서는 〈나르코스〉보다는 카라콜 텔레비전Caracol TV에서 74회에 걸쳐 방영한 〈파블로 에스코바르: 악의 비호자〉(2012)를 권한다. 파블로 에스코바르의 흥망을 객관적으로 이해할 수 있는 작품이라는 것이다. 또한 에스코바르 역을 맡은 안드레스 파라Andrés Parra의 연기력이 〈나르코스〉의 바그네르 모라보다 뛰어나기에 보는 재미도 훨씬 쏠쏠하다는 평이다. 여러모로 메데진의 과거와 현재, 그리고 미래를 조망하는 데 유익한 대하드라마로 보인다.

마약 유산의 관광화와 블랙 투어리즘

여느 대중문화와 마찬가지로 관광에서는 기이함strangeness, 즉 특이

하거나 낯선 느낌이 중요하다.[3] 관광객은 일상생활과 차별화된 이벤트, 관행, 물건 및 장소에 돈을 쓰는 경향이 있다. 따라서 마약 밀매나 마약과의 전쟁과 관련된 장소와 물품을 보기 위해 관광객이 몰리는 것은 자연스러운 현상이다. 많은 내·외국인 관광객이 메데진 일대의 마약 유산을 찾고, 관광업자들은 블랙 투어리즘을 부지런히 조장한다. 한때 일부 관광객이 마약 생산지를 방문하거나 마약 소비를 직접 체험한 사례도 적잖이 있었던 것으로 전해진다.

콜롬비아 시에라네바다데산타마르타 산맥에 있는 고대 도시의 유적지인 '잃어버린 도시Ciudad Perdida'는 콜롬비아에서 가장 유명한 관광 명소 중 하나이다. 지구의 생명을 지키고, 세상을 보존하고 유지하는 것이 자기들의 책임이라고 생각했던 코기족의 선조들이 이 도시를 만들었다. 스스로 '인류의 형님'이라 자처하는 그들이 30여 년 전에 문명세계의 아우들에게 앞으로 살아가는 방법을 바꾸지 않으면 세상은 곧 죽게 될 것이라고 엄중하게 경고했던 것이다. 이들과 문명세계의 첫 만남은 영국의 저명한 역사가이자 텔레비전 프로듀서인 앨런 이레이라Alan Ereira에 의해 이루어졌다. 이 이야기는 이레이아의 저서 《세계의 심장The Heart of the World》(1990)에 소개되었고, 그 내용의 일부가 1992년 《녹색평론》을 통해 국내에 알려지기도 했다.[4]

북부 정글 속에 자리한 이곳을 방문하려면 6일 동안 하이킹을 해야 하는데, 숙소로는 주로 농장을 이용하곤 한다. 이 지역을 돌아다니다 보면 코카잎에서 코카인을 추출하는 초보적인 실험실에서 작업하는 사람을 만날 수도 있다. 2000년대 중반부터 중앙정부에서 국제관광을 서서히 개방함에 따라 '잃어버린 도시' 여행을 알선·제공하는 일부 업체는 추가로 9달러를 내고 이런 코카인 실험실Lab을 방문해

잃어버린 도시

볼 것을 권하기 시작했다. 인류학자나 탐험가가 우연히 마주친 현장이 몇 년 후에 비공식적으로 관광 시장에 진입한 것이다. 지방 당국은 이런 불법적이고 위험한 방문을 비난하지만, 지역 신문《엘 에랄도El Heraldo》는 2015년에 지역의 준군사단체 중 하나인 로스 우라베뇨스Los Urabeños*가 여전히 관광객에게 코카나무 농장과 코카인 실험실 방문Lab Tour을 제공하고 있다고 보도했다.[5]

　이렇게 불법 마약 제조가 관광객에게 매력적인 상품이 될 수 있

---

* 콜롬비아 안티오키아의 우라바Urabá 지역에 기반을 둔 신흥 준군사조직이자 최대의 마약 카르텔 가운데 하나로, 콜롬비아 무력 충돌에도 연루된 것으로 알려져 있다. 2011년 메데진의 마약 거래 지배권을 놓고 로스 라스트로호스Los Rastrojos에 전쟁을 '선포'하기도 했다.

음을 보여주는 사례는 적지 않다. 유엔 마약범죄사무소UNODC: United Nations Office on Drugs and Crime는 '마약 관광'의 정의에 마약 제조 공정을 배우기 위해 농장과 비밀 실험실을 방문하는 행위를 포함시킬 것을 고려하고 있다.[6] 그러나 코카인 소비(섭취)와 농장·실험실 방문 사이에는 분명한 차이가 존재한다. 방문객은 코카인을 소비하고 제조 과정을 관찰하는 등 여러 활동을 할 수 있지만, 코카인 생산에 관심을 가진 관광객이 반드시 마약 소비자인 것은 아니다. 라틴아메리카 정글 깊은 곳에 자리한 코카인 실험실이라는 '기이함'과 코카인 생산의 '은밀함'은 마약과 무관한 관광객에게도 흥미를 불러일으킨다. 그렇게 코카인 실험실은 콜롬비아의 마약 유산이자 관광 상품이 되었다. 메데진의 일부 관광 가이드는 안티오키아 바리오의 코카인·마리화나 생산 시설을 비공식적으로 방문할 것을 권하기도 하는 모양이다. 물론 마약 유산의 최대 명소는 역시 파블로 에스코바르와 관련된 장소들이다.

2007년 이후로 점점 더 많은 관광 가이드와 업체가 '파블로 투어' 또는 '나르코(마약) 투어'를 제공하고 있다. 이들은 몇 시간 동안 파블로 에스코바르의 궤적을 따라 관광객을 데리고 다니며 도시 폭력의 역사를 설명한다. 투어는 에스코바르가 살해된 건물과 그가 살았던 모나코 빌딩Casa Monaco과 같은 버려진 건물들에 들르다가, 이윽고 방문객을 메데진 남쪽 가장자리 몬테사크로 묘지Montesacro Cemetery에 자리한 그의 무덤으로 안내한다.

메데진의 젊은 엘리트 기업가들이 주로 진행하는 이런 투어는 공개적으로 마약왕 파블로 에스코바르를 다루지만, 많은 사람들은 도시와 마약의 일반적인 역사에 초점을 맞추면서 가능한 한 이 악명 높은 인물과 거리를 두려고 한다. 물론 에스코바르를 빼놓고 메데진을 이야기할 수는 없다. 그리고 많은 외국인이 메데진에 대해 유일하게 아는 것이 에스코바르라는 현실도 부인할 수 없다. 그러나 최근 들어 '파블로 투어' 같은 것이 도시의 국제적 이미지에 해롭다고 판단한 메데진시와 콜롬비아 정부는 이런 이벤트를 가급적 피하는 관광 정책을 펴고 있다.

'파블로'라고도 불리는 인기 있는 프리 워킹 투어 메데진Free Walking Tour Medellín의 가이드는 이 불안한 역사의 근거가 명확하지 않다고 언급한다. "우리는 학교에서 파블로에 대해 이야기하지 않으며, 그 주제를 다룬 학문적 연구가 여전히 부족합니다. 사람들은 드라마와 책에서 배우죠. 많은 투어가 확인되지 않은 신화를 퍼뜨리고 있어요. 우리 투어에서는 사람들이 물어보지 않는 한 파블로에 대해 이야기하지 않습니다. 파블로를 언급하지 않고 4시간 동안 투어를 진행할 수 있다는 것을 보여주고 싶어요. 보통 나는 '내 이름은 파블로이지만 이번 투어는 파블로 투어가 아닙니다'라고 말하면서 시작합니다."

이렇듯 모호한 역사적 맥락 때문에 마약왕의 유산과 거리를 두는 여행 가이드가 있는 반면, 파블로 에스코바르를 관광의 중심으로 공개적으로 홍보하는 이들도 있으며 경쟁 또한 꾸준히 증가하는 추세다. 이 분야에서 최초로 활동한 기업 중 하나인 파이사 로드Paisa Road에서는 이렇게 말한다. "우리는 역사를 왜곡하지 않으며 칭찬도 비판도 하지 않습니다. 기억을 찾아내고 일어난 일을 객관적으로 표현할 뿐이죠. (…) 우리는 문화적 문제에 대한 다른 관점과 생각을 존중하고 받아들입니다. 사업 외에도 우리에게는 사회적 목적이 있습니다. 우리는 각 투어 수입 가운데 일정 비율을 사회사업 기금에 내놓습니다. 그리고 이 투어는 현지인들이 승인하고 인정한 것입니다."

현지 언론은 대체로 이들에 비판적이며, 많은 인터뷰 대상자들 역시 '사회적 포르노' '마약 사과drugs apology' 관행이라고 비판하며 거부 의사를 표명한다. 물론 이 투어는 많은 외국인 관광객이 계속 요구하는 데다가 광고도 필요 없고 수익성도 높다. 이를 멈춘다는 것은 마약 유산 관광과 블랙 투어리즘으로 먹고사는 종사자들에게는 커다란 타격이다. 그렇다 하더라도, 뒤에서 상세히 언급하겠지만, 엘포블라도의 모나코 빌딩을 폭파·철거해 '메데진 기념공원'으로 바꾸는 등 〈나르코스〉 유산 지우기에 나선 메데진 시정부의 의지가 확고하기에 마약 유산 관광이 더 이상 전성기를 누리지는 못할 것이다.

희생자 관점의 마약 유산 여행

에픽 투어스 메데진Epic Tours Medellín의 책임자 마누엘 가르세스 Manuel Garcés는 에스코바르의 폭력을 직접 겪은 희생자였다. 그는 어린 시절 마약 카르텔 간의 전쟁으로 20명 이상의 친구를 잃었고, 1991년에는 라마카레나 투우장La Macarena Bullring에서 폭탄이 터지는 바람에 삼촌 둘이 다치기도 했다고 한다.

그는 세계에서 가장 유명한 마약왕의 이름을 딴 자신들 투어의 목적은 외국인이 알지 못하는 측면, 특히 피해자의 고통을 이야기하는 것이라고 말한다. 과거 폭력의 시대에 메데진 사회가 겪은 가혹한 고통과 도시가 지난 30여 년 동안 경험한 변화만을 가지고도 에스코바르의 영웅적인 이미지를 바꿀 수 있다고 생각한다. 가르세스는 이렇게 말한다. "우리는 파블로 에스코바르의 시대를 여행합니다. 공상적이고 병적인 이미지가 아니라, 사랑하는 사람을 다시 볼 수 없을지도 모른다는 두려움으로 가득 찬 그 시대를 살았던 사람들을 보고 배우게 하고 싶습니다. (…) 우리 아이들의 아이들은 그 마피아 문화의 여파로 목숨을 잃은 사람들과 남은 이들을 추모하기 위해 여행을 합니다. 이것은 마약 투어가 아닙니다. 여기서 우리는 이 모든 악이 뒤에 무엇을 남겼는지, 그리고 우리가 어떻게 앞으로 나아갈 수 있었는지 보여주고자 합니다."

대학교수이자 저널리스트인 마우리시오 부일레스Mauricio Builes 역시 가르세스의 말에 동의한다. 그에 따르면 "역사에서 배우지 못한 자는 잘못을 되풀이한다." 부일레스는 마약 사업에 대한 긍정적인 이미지를 지우는 가장 좋은 전략 중 하나는 지방정부가 외국인 관광 가이드와 협력 시스템을 구축하는 것이라고 말한다.

부일레스는 마약 밀매에 대한 연구 외에도 대학생 그룹과 함께 디지털 마약 투어 프로젝트를 이끌고 있다. 콜롬비아 국립역사기억센터Centro Nacional de Memoria Histórica의 언론 책임자였던 그는 2017년 42명의 대학생과 함께 '나르코 투어 프로젝트'를 시작했다. 이 프로젝트는 웹사이트에서 전개하는 가상 투어로, 무대는 전통적인 투어와 동일하지만 피해자의 시각으로 진행된다. 그에 따르면 파블로 에스코바르가 돋보이는 것은 그가 홀로 국가에 맞서 싸우다 몰락하고, 가난한 사람을 도운 전형적인 '영웅'의 서사를 갖기 때문이다. 물론 이 서사는 시민들이 쉽게 접하는 소설 등을 통해 각색된 버전이다.

마약 전쟁 피해자 19명의 증언을 기반으로 하는 '나르코 투어 프로젝트'는 대중문화와 파블로 투어를 통해 전파된 내용을 넘어 대안적인 목소리와 내러티브를 제공한다. "우리는 파블로와 뽀빠이의 일대기와 온갖 텔레노벨라telenovela(라틴아메리카권에서 제작하는 TV 드라마) 덕분에 이야기의 일면만 알고 있습니다. 그러나 사건의 전모를 알기 위해선 고통받은 사람들에 대한 이야기를 나누어야 합니다." 부일레스는 당국이 마약 유산에 해당하는 문제를 금기로 간주하고, 마약 밀매 피해자를 지원할 공식 조직을 두지 않는 등 이 주제에 대해 침묵하는 것을 비판한다. 또한 많은 콜롬비아 사람들과 마찬가지로 공공 박물관마저 파블로 에스코바르의 삶에 관해 침묵하고 있다고 지적한다.

메데진에 위치한 '기억의 집 박물관Museo Casa de la Memoria'은 안티오키아주의 무력 충돌을 중심으로, 에스코바르와 관련된 사건을 간략하게 소개하는 유일한 공식 박물관이다. 부일레스에 따르면 '기억의 집 박물관'을 방문하는 외국인들이 구글에서 가장 많이 찾는 캐릭터는 파블로 에스코바르이지만, 역설적으로 박물관에서는 이 주제를 심도 있게 다루지 않는다. 이를 두고 콜롬비아 사람들이 기억 상실증에 시달리고 있다는 비판까지 나오는 실정이다.

부일레스는 자신이 그동안 활동하며 느낀 점을 다음과 같이 말한다. "첫 번째는 사람들이 파블로 에스코바르에 대한 이야기를 거의 꺼내지 않고 희생자들이 수십 년 동안 침묵을 지켰다는 것입니다. 두 번째로 중요한 것은 메데진이 파블로의 기억에 사로잡혀 있지만, 시민들이 이 문제를 너무 급하게 해결하려다가 오히려 사회의 발전을 억제해서는 안 된다는 사실을 조금씩 깨닫고 있다는 것입니다." 메데진의 문제는 파블로 에스코바르의 흔적 그 자체가 아니다. 진짜 문제는 도시를 폭력적인 장소로 상상하게 하는 문화와, 그에 뿌리를 둔 여러 불법적 시스템이다.

"슬프게도 우리, 우리 아이들, 우리 아이들의 아이들은 이마에 파블로 에스코바르의 이니셜이 새겨진 흉터를 갖게 될 겁니다. 그러나 우리는 기억이 우리의 과거를 지울 때까지 기다릴 수 없어요." 마누엘 가르세스는 이렇게 말한다. 이것이야말로 이들이 희생자의 관점에서 진행하는 마약 유산 여행을 추진하는 이유일 것이다.

2

도시를 바꾼 사람들, 혁신을 이끈 생각들

존엄성과 자부심의 문제는
도시계획의 가장 중요한 요소 중
하나입니다.

도시의 가장 가난한 지역에
최고의 품질을 지닌
건축물을 세우는 것은
다른 어떤 것보다 중요한 문제죠

세르히오 파하르도와
알레한드로 에체베리

오늘날의 메데진을 있게 한 가장 중요한 인물은 누구일까? 나는 영국 《가디언》의 평가와 마찬가지로 세르히오 파하르도라고 생각한다. 미국 위스콘신 대학교에서 박사 학위를 받은 수학자인 그는 메데진 시장과 안티오키아 주지사를 역임한 탁월한 정치인이다. 또한 2022년 5월 콜롬비아 대통령 선거에서 희망센터연합Coalición Centro Esperanza의 후보로 나선 인물이기도 하다.

세르히오 파하르도는 예술가인 알바로 곤잘레스 우리베Álvaro González Uribe와 함께 양당 독점 정치의 폐해를 극복하기 위해 1999년 11월 기성 정당과 제휴하지 않은 콤프로미소 시우다다노 Compromiso Ciudadano('시민 서약'이라는 뜻)라는 독립적인 정당을 설립했다. 이 그룹은 학계, 기업, 문화단체, NGO 및 민간 부문의 다양한

세르히오 파하르도

리더들로 구성되었다. 파하르도는 이를 통해 도시의 두 가지 기본 문제를 해결하고자 했다. 하나는 부자와 가난한 사람들 사이의 '사회적 부채 social debt'를 야기한 사회적 불평등, 또 하나는 사회의 여러 영역에 깊이 뿌리박힌 폭력이었다. 파하르도는 공개 강연에서 폭력의 성격과 효과를 수학자가 공식을 정리하듯 명쾌하게 설명했다. "콜롬비아의 사회적 불평등, 역사적·사회적 부채 및 폭력의 조합은 아주 독특합니다. (…) 폭력은 우리를 원자들로 나누고 시민들 사이의 모든 연결을 끊습니다. 우리는 도시의 제한된 지역에서 움직이며 살기 때문에 우리와 비슷한 사람들과만 관계를 맺습니다. 이제 두려움은 사회의 일부입니다. 우리는 생존자가 되지만 사회의 참여자는 되지 못합니다." 그는 이런 소외 또는 격리 문제에 대한 해결책은 개인이 안전하다고 느끼는 공간을 만드는 것이라고 결론지었다. "그래서 우리는 서로를 만나야 합니다. (…) 바로 이곳이 공공 공간(장소)이 되어야 합니다."

정치 운동을 시작한 이래 파하르도는 도시의 사회 문제를 해결하려면 도시의 물리적 구조부터 개선해야 한다는 견해를 밝혀나갔다. 그는 "폭력과 파괴가 일어나는 장소에서 (…) 우리는 이 도시에 최상의 물리적인 건축물을 세우려고 합니다. 우리가 해결해나갈 문제는 결국 불평등과 폭력입니다"라고 주장했다. 이렇게 물리적 개입, 즉 사회적 인프라와 건축은 도시를 변화시키고 불평등을 해소하기 위한 도구가 되었다. 또한 새로운 인프라와 건축 사업은 모두 교육 프로젝트로 간주되었다. 이런 생각에 토대를 두고 메데진시는 2004~2007년 투자 예산의 52%에 해당하는 18억 콜롬비아 페소를 교육 관련 프로그램에 투자했다. 파하르도는 2008년 멕시코 몬테레이에서 열린 한 강연에서 메데진 캠페인을 소개하면서 이렇게 말했다.

> 건축은 가장 보잘것없는 이들을 위해 가장 아름다운 역할을 합니다. 이것은 불평등에 대해 희망의 메시지를 보냅니다. 우리는 도시의 가장 초라한 동네에서 결코 꿈꾸지 못했던 공간을 만들었습니다. 그리고 모든 새로운 공간에는 더 큰 의미에서 교육 및 지식과 관련된 프로그램이 있습니다. (…) 교육의 질은 공간의 질에서 시작해야 하므로 도시의 가장 가난한 아이는 도시의 가장 부유한 아이만큼 좋은 학교에 가야 합니다.

세계 전역의 미디어에서 언급한 세르히오 파하르도의 정치적 담론, 시장실에서 공식적으로 발표한 보고서와 수많은 국제회의 발표 자료를 보면 흥미로운 내용이 눈에 띈다. 이 자료들은 물리적 공간의 미적 조건을 어떻게 개선해 메데진의 사회적 격차 해소에 필요한 존엄성을 제공할 것인지에 대한 언급으로 가득 차 있다. 그리고 도시가 가장 가난한 지역사회에 빚진 사회적 부채를 해소할 방법으로 '교육'을 내세우고 있다.

2003년부터 2011년까지 메데진에서 일어난 새로운 물결은 도시 역사상 가장 급진적인 변화를 불러일으켰다. 이는 과거에 시행된 도시 전체를 가로지르는 '고가형 메트로elevated metro'의 도입과 영향, 15년 이상에 걸친 계획 및 건설 과정과 비교될 수 있다. 2005년부터 3년간 실시된 '가장 교양 있는 도시 캠페인Ciudad Mas Educada campaign'에는 기존의 도시공원 개·보수, 새로운 대화식 박물관interactive museum 증설, 10개의 양질의 신규학교Colegios de Calidad 건립 및 122개 학교 개·보수, 64개의 공공 주간보호 센터Ludoteca 증설, 시립 대학교 수용능력 200% 확대, 9개의 컴퓨터 센터와 역시 9개의 저소득층 지역 소규모 비즈니스 개발센터CEDEZO 및 공연 예술 센터 신설, 3개 지역의 통합 도시 프로젝트PUI: Proyecto Urbano Integral 추진, 새로운 정의 센터 및 20개의 소규모 동네 경찰서CAI 증설, 5개의 새로운 공원 조성, 1개의 새로운 메트로케이블 노선을 메트로와 메트로플러스 노선과 연결한 5개의 새로운 거리 개선 등이 포함됐다. 또 여기에는 5개의 도서관 공원Parque Biblioteca과 신규 커뮤니티 센터 건립 등이 들어간다.

　　이것들은 모두 무료다. 인터넷을 사용하고, 영화를 보고, 워크숍을 하고, 놀이하는 공간으로 채워져 있으며, 국제적·건축학적으로도 높은 평가를 받아 여러 차례 상을 받기도 했다. 이런 물리적 인프라를 구축하는 동시에, 공립 교육 시설의 수용 능력 증가, 저소득층 학비 보조금 지급, 도시가 운영하는 교육 시설에 등록한 학생을 위한 식품 보조금 및 교통 보조금 지급, 보건 서비스 및 위험에 처한 인구를 대상으로 한 프로그램 실시, 대학 장학금 지급 및 모든 학교와 학생의 경쟁력을 높이기 위한 일련의 행사 개최 등도 함께 추진했다. 또한 중앙정부에서 시행하는 '전직 전투원의 군축, 동원해제 및 재통합' 프로세스를 지원하는 정책도 포함되었다.

이 시기에 시행한 사회적 인프라 구축 및 정책 프로젝트가 너무 많아 정확한 계측과 추적이 어려울 정도였다고 한다. 하지만 이때가 '메데진의 변화'를 촉발하는 중요한 계기가 되었음은 분명하다. '사회적 도시계획social urbanism'이라는 도시철학을 만드는 데 핵심적인 역할을 한 파하르도가 산토도밍고사비오에 '에스파냐 도서관 공원'을 설계한 지안카를로 마잔티Giancarlo Mazzanti와의 인터뷰에서 나눈 대화가 참 인상적이다.

저는 건축가의 아들입니다. 장남이었고 아버지와 가장 가까웠습니다. 저는 아버지가 일하는 곳을 보면서 아버지가 무엇을 하고 있는지 이해했습니다. 그것은 세상을 바라보는 방법이었습니다. 특히 아버지는 메데진의 건축 유적지와 관련이 많은 사람이었습니다. 아버지는 안티오키아 대학교 건설에 참여했고, 이는 도시의 중요한 공공사업의 상징이었습니다. 제가 어렸을 때부터 사회 변화를 위한 도구이자 포용의 메시지로서 미학이 의미하는 바는 분명했습니다. 그것이 여기서는 오해를 받곤 합니다. 건축이 중요한 역할을 하는 모든 도시 개입에서 가장 중요한 단어는 존엄성입니다.

우리는 어떤 공공장소에 대해 생각하고 있나요? 공원 및 도서관, 학교, 문화 센터, 과학 공원, 식물원, 독서 및 음악 센터, 이 모든 것은 유형의 것, 넓은 의미로 이해되는 교육을 중심으로 진행되었습니다. 우리가 한 일은 강력한 사회적 표현으로서 건축을 중심으로 사회적 동원이 일어날 수 있는 새로운 상징, 새로운 공간을 구축하는 것입니다. 사람들은 항상 '그건 시멘트일 뿐'이라고 말합니다. 하지만 그것은 사실이 아닙니다!

건축에 대한 이런 깊은 이해와 신뢰를 가진 사람이 시장을 해서일까? 한국과는 달리 메데진에는 사회의식을 가진 건축가가 상당수 존재한 것 같다. 이들의 노력이 파블로 에스코바르로 대표되는 세계의 마약 수도 메데진의 이미지를 바꾸는 데 크게 기여한 점은 부인할 수 없다.

세계 어느 도시든 성공한 시장들은 자신의 철학을 현실로 구현하거나, 창의적 아이디어를 제공하는 인재를 거느리고 있다. 파하르도 시장의 경우엔 '사회적 도시계획'이라는 도시철학과 전략을 창안해낸 알레한드로 에체베리Alejandro Echeverri를 들 수 있다. 그는 라틴아메리카 최대의 민물 수족관을 갖춘 과학박물관 '엑스플로라 공원Parque Explora'과 메데진의 비즈니스혁신센터 '루타 에네Ruta N'를

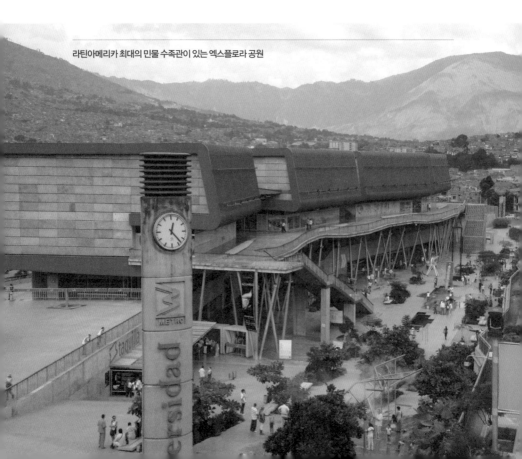

라틴아메리카 최대의 민물 수족관이 있는 엑스플로라 공원

직접 설계한 유명한 건축가이자 도시계획가이기도 하다. 에체베리가 UN 인간정주계획UN Habitat 회의를 앞두고 한 기자와 나눈 인터뷰 내용이 인상적이다.

> 가장 중요한 것은 사람들과 연결하는 것입니다. 특이한 구상도 개념도 아닙니다. 그러나 문제는 대부분의 공공 정책과 도시 프로그램이 다른 목표에 초점을 맞추고 있다는 겁니다. 저는 도시의 변화가 사람과 함께 그리고 사람을 위해 일어나야 한다고 생각합니다. 그런 의미에서 저는 작은 실천으로 가득 차 있고 서로 연결되어 있는 **촘촘한 의제가 사회를 변화시킨다**고 믿습니다. 저는 커뮤니티의 현실과 연결하기 어렵게 만드는 대규모 인프라와 관련된 큰 프로젝트를 믿지 않습니다. 하지만 불행히도 대부분의 정부는 사회를 변화시키는 유일한 방법으로 큰 정책과 행동을 생각합니다.

이렇게 탁월한 정치가와 인재가 한 팀을 이루어 오늘날의 메데진을 창조하는 초석을 놓았다. 물론 그 과정이 모두 매끄럽고 완벽한 것은 아니었고 시행착오도 적잖았을 것이다. 예를 들어 '사회적 도시계획'의 대표 프로젝트인, 산토도밍고사비오에 건설한 '에스파냐 도서관 공원Parque Biblioteca España'이 누수와 두 차례의 산사태 후유증으로 인해 폐원하면서 많은 비판을 받기도 했다(자세한 내용은 4장에서 다룬다). 그럼에도 불구하고 이 두 사람을 빼놓고 메데진의 변신을 설명하는 일은 불가능하다.

파하르도는 '영원한 봄의 도시' 메데진을 새롭게 만든 크리에이터이자 항해사였다. 2018년 10월 스페인의 바르셀로나(아다 콜라우 시장)에서는 '열린 도시: 생각의 비엔날레Open City: Biennial of Thought'라는 제목의 재미있는 행사가 개최되었다. 격년으로 열리는 이 비엔날레를 통해 광장, 시장, 서점, 도서관, 문화 센터, 박물관, 극장, 시민 센터 등 88개 공간에서 21세기의 글로벌 과제와 사회문제(페미니즘, 주택, 신기술, 보살핌, 민주주의, 이동성, 도시와 공동체, 교육 등)에 대한 강의와 토론이 진행되었다. 일주일간 약 20만 명이 참여한 이 행사 프로그램 가운데는 특히 '토론 중인 도시, 메데진'과 '세르히오 파하르도 전 메데진 시장과의 조찬 및 대화'라는 특별한 이벤트가 있었다. 유럽의 시민사회가 자신들이 원하는 도시를 개발하기 위해 만든 '생각하고 참여하며 행동'하는 공론장에 라틴아메리카 변방의 정치인을 초대했다는 사실만으로도 파하르도의 국제적 위상을 가늠해볼 수 있다.

사회적 도시계획 및 도시침술

세르히오 파하르도 시장 시절의 핵심 도시철학 가운데 하나는 도시개발공사 EDUEmpresa de Desarrollo Urbano에서 나온 '사회적 도시계획'이다. 이 개념은 도시의 물리적 개입의 사회적 함의social implication를 설명해주기 때문에 메데진을 이해하는 데 대단히 중요하다.

2003년부터 현재까지 메데진의 사회정치적·도시적 변혁에 적용되는 '사회적 도시계획' 개념은 '가장 교양 있는 도시 메데진Medellín, la ciudad más educada'을 만든 정치적 노선과 일맥상통한다. 사회적 도시계획은 메데진 사례의 학습 경험과 원칙을 보편화하여 전 세계에 다양한 맥락으로 퍼뜨리려는 개념이기도 하다.

사회적 도시계획이라는 용어는 EDU의 책임자 알레한드로 에체베리가 창안한 것이다.* 에체베리는 메데진의 건축가로서 파하르도와 그의 정당 콤프로미소 시우다다노와 정치적 제휴를 맺고 있었다. 에체베리, 그리고 메데진의 폰티피카 볼리바리아나 대학교의 건축학 교수들(유럽에서 공부한 도시학 연구자들)은 가난한 동네의 생활조건 개선을 위한 건축의 역할을 연구하는 팀을 이끌었다. 수년간 그들은 비공식 지역사회를 개선하기 위해 물리적 형태를 이용하는 방법을 탐구했고, 메데진 커뮤니티에 정부 및 NGO 프로젝트를 이전하는 일을 주도했다. 에체베리가 이끄는 연구팀에는 학자, 전문가, 학생 등 다양한 구성원이 참여했다. 그에게 건축은 다양한 수준에서 도시의 변혁을 일으키기 위한 기초적 도구였다. 에체베리는 "도시의 변화에는 많은 요소가 있으며, 특히 중요한 것은 물리적 요소"라고 말했다. "(물리적 요소가) 가장 중요한 것은 아닐지 몰라도, 실질적으로 중요한 것입니다. 공동체의 참여를 활성화하고, 만남의 장소places of encounter를 창출하는 훌륭한 도구입니다."

에체베리 사상의 핵심 요소는 건축의 질quality of the architecture 이다. 질적 인식과 개입이 지역 주민들의 감정에 어떤 영향을 미칠 것인가가 사회적 도시계획의 담론인 '우리에게to us'의 핵심 요소가 된다. "존엄성과 자부심의 문제는 개입의 가장 중요한 요소 중 하나였습니다. 도시의 가장 가난한 지역에 최고의 품질을 지닌 건축물을 세우는 것은 다른 어떤 것보다 중요한 문제죠."

메데진의 경험에 비추어볼 때, '사회적 도시계획'은 상향식 설계

---

* '사회적 도시계획'이란 용어는 스페인 바르셀로나의 현대화에 기여한 건축가이자 도시계획가 오리올 보히가스Oriol Bohigas가 최초로 사용한 것으로 알려져 있다.

전략의 결과물인 고품질의 건축과 도시 설계urban design를 통해 가난한 동네의 조건을 개선하려는, 도시 개입에 대한 철학적 접근이다. 이런 방식은 지역사회가 정부와 직접 협력하여 환경을 결정하는 과정에 참여한 첫 번째 사례로 평가받는다.

실제로 이런 '사회적 도시계획'은 일반적으로 고품질의 건축과 도시 개입을, 특히 국가가 포기한 가장 가난한 지역에 전달하고자 하는 재도시화 전략re-urbanization strategy이다. 그런데 사회적 도시계획에서는 다양한 수준의 참여가 이루어졌지만, 이는 (계획 과정에서부터 높은 수준의 지역사회 참여가 보장된) 부유한 국가들에서 보이는 상향식 접근과는 거리가 멀다. 사회적 도시계획은 여전히 교육받은 엘리트 중심의 하향식 디자인 접근법'top down' design approach이다. 그럼에도 불구하고 메데진의 맥락에서 이 과정은 급진적이다. 정부가 빈곤 지역 주민과 직접적이고 강도 높게 일하면서 예전보다 더 높은 수준의 공공 인프라를 구축한다는 점에서 근본적이기 때문이다.

오늘날 '사회적 도시계획'은 메데진 모델에서 출발하여 새로운 글로벌 운동으로 급부상하고 있다. 보스턴 건축대학 교수 마리아 벨랄타María Bellalta는 《사회적 도시계획Social Urbanism》(2020)에서 이 개념을 저소득층과 소외된 지역사회의 삶의 질을 향상시키기 위한 상·하향식 계획 및 설계·집행 프로세스로 생각하고 있지만, 완전히 통일된 정의는 없고 다양한 견해가 존재한다고 언급한다. 또 메데진의 사회적 도시계획 실천 과정에서는 생태학적 고려가 부족하다는 사실을 강조한다.

나는 오늘날의 메데진을 이해하는 데 중요한 요소가 '사회적 도시계획'만은 아니라고 생각한다. 세르히오 파하르도나 알론소 살라자르Alonso Salazar와 같은 뛰어난 시장들이 '가장 교양 있는 도시' 메데진을 만드는 과정에서 '사회적 도시계획'과 '도시침술'을 창조적으로 융합했기 때문이다. 여기서 말하는 '도시침술' 개념의 창시자는 스페인의 건축가이자 도시계획가인 마누엘 데 솔라-

자이메 레르네르

모랄레스Manuel de Solà-Morales로 알려져 있지만, 이 용어를 대중화한 인물은 브라질 꾸리찌바 시장을 지낸 자이메 레르네르Jaime Lerner다. 그는 '도시침술'을 특정 지역에 자극을 줘 주변 지역을 되살리고 생기가 돌게 하는 도시재생 방법의 하나라고 정의한다. 종합적으로 보면 메데진은 스페인의 바르셀로나와 완전히 똑같지는 않지만, 도시를 창조해가는 방식이 여러 면에서 흡사하다고 볼 수 있다.

사회적 도시계획은 도시 공공 인프라에 대한 동등한 접근이라는 관점에서 기회를 지리적으로 균등하게 분배하고자 노력한다. 도시가 이렇게 동등한 도시 기반시설을 이루어내기 위해 어떤 지역에 투자해야 하는지를 파악할 목적으로 메데진에서는 그 지역의 형평성 수준 levels of equity을 평가할 지표가 필요했다.

메데진 공의회Concejo de Medellín*는 2004년 5월 31일 제정한

---

* 메데진 공의회는 21명의 평의원으로 구성된다. 평의원에 선출되려면 콜롬비아 시민이어야 하며, 등록일 이전 3년간 1년에 6개월 이상 메데진에 거주하고 있어야 한다.

메데진시의 삶의 질 지수(왼쪽) 및 인간개발지수(2002년)
두 다이어그램에서는 지표가 낮은 지역일수록 더 밝은 색상으로 나타나 있다.
코무나 1과 2가 가장 낮은 수준을 보인다.

아쿠에르도acuerdo(지방자치단체의 법률)에서, 2004~2007년 사이에 제
안된 프로젝트들이 시민의 삶의 질을 향상시키고 있는지를 검증하기
위해 두 가지 방법을 사용하겠다는 개발 계획을 채택했다. 그 하나는
삶의 질 지수ICV: Índice de calidad de vida이고, 다른 하나는 인간개발
지수IDH: Índice de desarrollo humano이다.

이런 지표를 토대로 코무나별 지도를 만들고, 도시 자원을 그 영
향과 효과를 극대화하기 위해 인간개발지수와 삶의 질 지수가 낮은
지역에 우선적으로 배정하기로 결정했다. 즉 지표가 가장 낮은 지역
에 우선순위를 부여해 한계 편익marginal benefit을 더 많이 얻도록 했
다. 이 계획은 이전에 국가가 개입하지 않았던 지역에 시장이 개입할
것을 강력히 요구했다. 이것은 메데진이 수십 년 동안 고수해온 투자

패턴을 근본적으로 바꾸어놓았다.

하지만 에스페란자 고메즈Esperanza Gómez Hernández는 행정부에 의해 구현된 전략의 성공을 판단하고 평가하는 도구로 인간개발지수와 삶의 질 지수를 사용하는 것을 비판한다. 그는 이 수치들의 측정이 경제적으로 이질적인 지역에서 수행된다는 사실을 고려할 때, 이런 기법으로 행정부의 성공과 실패를 평가하는 데는 한계가 있다고 결론짓는다.[7]

이 측정 전략은 수십 년 동안 무시되고 방치된 지역에 더 많은 국가 자원을 투입하는 데 중요한 역할을 했지만, 고메즈의 지적처럼

메데진의 계층 분포도
붉은 색이 가장 가난한 지역이며 녹색으로 갈수록 고소득자가 밀집해 있다.

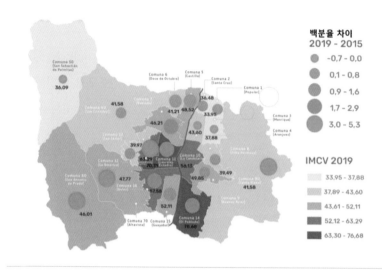

백분율 차이
2019 - 2015

- -0.7 - 0.0
- 0.1 - 0.8
- 0.9 - 1.6
- 1.7 - 2.9
- 3.0 - 5.3

IMCV 2019

- 33.95 - 37.88
- 37.89 - 43.60
- 43.61 - 52.11
- 52.12 - 63.29
- 63.30 - 76.68

메데진의 지역별 생활조건 다차원 지수

한계 또한 분명했다. 지역별 측정은 소규모 동네(바리오) 단위로 분할되지 않은 채 코무나 규모로 이루어졌다. 따라서 이 같은 측정 방식은 바리오에 기반을 두고 작성한 '계층estrato' 분포도와 적지 않은 차이점을 보이기도 했다. 이로 인해, 시행된 프로젝트의 효과를 제대로 평가하기가 어려웠고, 소득 수준이 혼합된 지역사회에서 실질적인 삶의 질을 은폐하는 결과를 낳고 말았다. 이런 모순은 메데진시 계획국 관계자들도 어느 정도 인정하고 있다.

그 결과 '사회적 도시계획' 사업 대상지를 결정하는 데 약간의 시행착오도 있었던 것으로 보인다. 가령 코무나13에 있는 산하비에르 도서관 공원처럼, 마을의 다른 곳보다 이미 더 나은 조건을 갖춘 지역에 몇몇 기반시설이 들어서게 되었다. 물론 이런 개입은 이 지역에 필요한 자원을 제공했지만, 공공 서비스가 절대적으로 부족한 지역에 건설되었다면 이 프로젝트가 훨씬 더 긍정적인 영향을 미칠 수 있었을 것이다. 이 같은 문제점에도 불구하고 '삶의 질 지수'와 '인간개발지수'를 토대로 '사회적 도시계획' 사업을 실시하고, 도시의 공공 인프라를 균등하게 분배하려고 애썼다는 점은 나름대로 높은 평가를 받아야 한다고 생각한다.

최근에는 앞서 언급한 문제점을 보완하기 위해 삶의 질 측면에서 메데진 시민의 웰빙을 측정할 수 있는 '생활조건 다차원 지수 IMCV'를 개발해 사용하고 있다.[8] 물적 자본, 교육, 소득, 공공 서비스, 주택, 환경, 이동성, 참여, 안전, 여가 및 삶의 질 등을 고려하는 이 지수는 2010년부터 매년 측정하고 있다. 15가지 차원, 39가지 지표를 종합적으로 평가한 지수를 통해 메데진의 도시부와 농촌부 사이의 생활조건 격차가 얼마나 줄고 있는지 살펴보고, 코무나와 코레히미엔토 별로 웰빙 상태를 측정한다. 지난 10여 년 동안 이를 토대로 개발계획을 수립해 지역 간 생활조건 격차를 완화하는 데 활용해왔다고 한다.

후임 시장들의 정치적 담론

콤프로미소 시우다다노 소속의 세르히오 파하르도(2004~2007)와 알론소 살라자르(2008~2011) 시장 아래서 도시계획가들은 더 높은 위험을 감수하며, 소셜네트워크를 이용하여 지역사회에 봉사하고, 시민사회에서 나오는 민주적 혁신을 제도화함으로써 국가의 역량을 총동원했다. 도시계획가들의 아이디어는 지방자치단체의 혁신과 NGO화가 진행되는 이 시기에 성장의 계기가 됐고, '사회적 도시계획'이라는 도시철학도 메데진에서 꽃피었다. 그 후 메데진의 권력은 자유당 소속의 아니발 가비리아Anibal Gaviria(2012~2015) 시장에게 넘어갔는데,

가비리아는 직업 정치인이었다. 콜롬비아에서는 시장직을 연임할 수 없기에 가비리아는 더 높은 직위로 도약하는 데 보탬이 될 만한 성과를 짧은 임기 내에 이뤄내야 했다.

이런 까닭에 가비리아 행정부는 이전 행정부의 연속체를 자임하면서도 '사회적 도시계획'을 '시민교육적 도시계획civic pedagogical urbanism'으로 대체했다. 이들은 새로운 정책이 도시 프로젝트와 사회기반시설에 투자하는 대신 공공장소에서의 공생과 시민적 가치를 증진하는 것이라고 말했지만, 비판자들은 '시민교육적 도시계획'이 파하르도-살라자르와 연관된 프로젝트에 대한 투자 중단을 정당화하기 위한 수사적 도구일 뿐이라고 주장했다. 또한 임기 초반에는 시민참여가 가비리아의 정치적 기치 중 하나였으나, 후반기로 넘어가면서 지역에서 제기하는 의견이 거의 고려되지 않았다는 비판도 나왔다.

이 밖에도 가비리아 행정부와 파하르도-살라자르 행정부 간 가장 큰 차이점은 예산 할당에서 두드러졌다. 예를 들어 '사회적 도시계획 프로젝트'를 위한 자금 지원이 대폭 감소한 반면 대규모 개발이 크게 늘어났다. '사회적 도시계획'은 기존 커뮤니티 내의 도시침술 전략을 실행한 반면, 가비리아의 계획은 10km의 메데진강 공원, 하르딘 시르쿤발라르Jardín Circunvalar라는 광대한 도시 그린벨트를 조성하고 도시의 북쪽 끝에 라틴아메리카 최대의 기술공원(기술단지)을 건설하고자 했다. 이런 유형의 통합 도시개발 프로젝트는 현대 글로벌 도시의 경제성장과 경쟁력을 위해 도시 엘리트가 추구하는 가장 가시적이고 유비쿼터스적인 도시 활성화 전략 중 하나가 되었다.

이런 프로젝트와 함께 가비리아 행정부는 메데진의 이미지를 '녹색 도시' '스마트 도시'로 설정하고, 사회적 도시계획의 유산인 평등한 도시equitable city를 추구했다. '사회적 도시계획'의 도시 프로젝트와 유사하고, 특히 건축가들로부터 상당한 관심을 끄는 표시성 프로젝트token project가 주변에 여전히 산재한다. 이런 프로젝트 가운데 대표적인 것으로 기존 물탱크 주변 공간을 상당히 혁신적으로 개발한 연결형 생활공원unidad de vida articulada, 즉 '우바UVA'가 있다. 이런 곳은 이전에 주변부에 남아 있던 몇 안 되는 미개발 지역이었다. 그러나 20개의 우바를 건립하려던 가비리아 행정부는 임기 동안 11개만 완성한 것으로 알려졌다. 4장에서 구체적으로 언급하겠지만, 7개의 '우바'는 페데리코 구티에레즈(2016~2019) 시장 시절에, 그리고 나머지 1개는 다니엘 퀸테로(2020~2023) 시장 때 개발되었다. 그리고 본질적으로 작은 공공공원인 생태공원EcoParque과 같은 프로젝트가 시행되었지만, 초기의 '사회적 도시계획' 프로젝트에 비해 주민참여 요소가 훨씬 감소했다.

이처럼 '시민교육적 도시계획'은 개발 규모가 크고, 생태적으로 민감한 부지를 대상으로 한 사업이 많아 '사회적 도시계획'에 비해 주민 저항도 심했다. 산사태 예방 등 도시의 회복력을 키우기 위해 추진한 그린벨트 프로젝트 때문에 적잖은 도시 빈민이 쫓겨나기도 했다. 예를 들어, 메데진 동쪽에 있는 판데수카 언덕 일대의 '하르딘 시르쿤발라르' 프로젝트와 생태공원, 그리고 신규 메트로케이블 건설 사업 때문에 빈민들의 강제 이주가 불가피하게 진행되었다. 그로 인해 코무나8(비자에르모사Villa Hermosa)에서는 약 1600채의 주택이 철거되어 주거 불안이 극심했다. '위험, 위협 및 취약성에 대해 논의하기 위한 워크숍'에서 현지 주민들은 그런 프로젝트가 지역의 무장 세력 못지않게 자신들에게 위협이 된다는 점을 강조했다고 한다. 메데진의 새로운 개발 패러다임과 마케팅에 대한 저항과 비판은 영어권 국가의 연구에서는 거의 발견되지 않고, 피해를 본 현지인을 대상으로 심층 면접조사를 하지 않으면 상황을 제대로 파악하기가 어렵다. 나는 2019년 7월 메데진에서 열린 세계도시정상회의 시장포럼에 참석했을 때 산하비에르에서 이를 체감했다. 이것이 바로 현실과 이상의 차이가 아닐까 생각한다.

새로운 변화의 시대

최근 들어 라틴아메리카 경제 발전의 모델이었던 칠레를 비롯해 에콰도르, 페루 등 많은 나라가 사회적 불평등 탓에 엄청난 고통을 겪고 있다. 사정이 상대적으로 조금 나은 콜롬비아 메데진은 정치인의 평균 연령이 다른 도시에 비해 낮은 편이다. 30대 후반의 나이에 안티오키아 주지사를 지내고 나서 메데진 시장에 당선된 아니발 가비리아와 마찬가지로 페데리코 구티에레즈Federico Gutiérrez Zuluaga 시장도 40대 초반에 시정을 넘겨받았다. 그는 토목 엔지니어 출신으로 메데진 시의원을 두 차례 역임한 소장 정치인이다. 임기 첫해인 2016년 메데진시가 '리콴유 세계도시상'을 수상했지만, 그는 전임자들처럼 '사회적 도시계획'이나 '시민교육적 도시계획'과 같은 독자적인 도시철학을 제시하지는 않았다.

　구티에레즈는 메데진 시장으로서 정치적 기반이 취약한 상태에서 도시의 새로운 변화를 이끄는 첫 인물로 등장했다. 그의 재임 중 행적은 국제통화기금IMF에서 발간하는 분기별 저널에 실린 〈메데진의 기적〉이라는 글에 잘 정리되어 있다. 2019년, 한때 마약 산업의 메카였던 이 도시에 세계경제포럼WEF이 라틴아메리카에서 운영하는 4차산업혁명센터가 설립되었다. 이것은 국제사회가 메데진을 라틴아메리카를 대표하는 혁신도시로 인정한다는 뜻이기도 하다.

시정의 우선순위를 어디에 두느냐는 질문에 구티에레즈는 교육과 치안, 그리고 지속가능성이라고 대답했다. 그는 재임 중 다양한 이유로 교육 시스템 바깥에 있던 8000명 이상의 어린이를 교실로 돌려보냈고, 고등교육을 위해 4만 3000명 이상에게 장학금을 수여했다. 임기 마지막 해에는 유네스코 평생교육도시로 선정되었고, 파블로 에스코바르의 거주지였던 모나코 빌딩을 철거하고 기억의 집 박물관을 업그레이드하는 등 치안 분야에서도 상당한 성과를 거두었다.

구티에레즈의 업적 가운데 가장 주목할 만한 것은 지속가능성 분야라고 생각한다. 그는 메데진의 지형과 바람 때문에 대기질이 3월과 10월에 크게 악화된다는 사실을 시민들에게 투명하게 공개하고, 이 문제를 푸는 데 역점을 기울였다. 메데진을 라틴아메리카를 대표하는 지속가능한 교통 도시로 만들기 위해 65대의 전기버스를 새로 도입했고, 신규 메트로케이블 노선을 개통했으며, 80km의 자전거 전용도로와 더 많은 보도를 확충했다. 그리고 2022년까지 노란택시 1500대를 전기택시로 교체한다는 계획 아래, 2019년 말까지 200대를 새로 도입·운영하기도 했다. 이 교체 사업에 참여한 택시회사에는 차량당 5500달러의 보조금을 지급하고, 메데진의 에너지 공기업인 EPM과 함께 도시 전역에 전기차 충전소를 계속 증설해온 것으로 알려졌다. 이 밖에도 기후위기를 완화하기 위해 도시에서 가장 혼잡한 도로 위에 36개의 녹색 회랑을 구축했고, 89만 그루 이상의 나무를 심었다. 요즘 국제사회에서 말하는 그린뉴딜이나 녹색회복 전략을 선제적으로 추진한 것이다.

2020년 구티에레즈의 시정을 이어받은 다니엘 퀸테로 칼레Dan-iel Quintero Calle는 메데진 역대 최연소 시장이다. 그는 마누엘 산토스 정부에서 정보통신기술부 차관을 지낸 인물로 2013년에 일반 시민이 정치 과정에 직접 책임지고 참여하도록 하겠다는 목표를 내걸고 토마토 파티Tomate Party를 창립했다. 이들은 토마토를 던지거나 프라이팬을 두들기며 직접 항의하는 캠페인 방식을 채택하고, 주로 환경, 정치 의식, 교육 및 문화 분야의 메시지를 표출했다. 그 때문에 선거운동 기간에 다양한 지역 범죄조직으로부터 살해 위협까지 받았다고 한다.

퀸테로는 엔지니어로서 혁신과 창의성에 기반을 둔 소프트웨어 개발회사를 설립·운영했고, 중앙정부의 차관으로 일한 경험도 있기에 인공지능·빅데이터·사물인터넷 등 4차 산업혁명 기술과 스마트 시티에 대한 이해도도 높은 인물이다. 이에 기반한 참신한 선거운동과 혁신적인 선거공약이 높은 평가를 받으며, 39세의 젊은 정치인 퀸테로는 무소속임에도 돌풍을 일으키며 당선됐다. 특히 전 콜롬비아 대통령 알바로 우리베의 고향이자 정치적 거점에서 그가 지지한 유력 후보를 압도적인 표 차이로 눌렀다는 점이 인상 깊다. 이 선거 결과를 두고 새로운 시대를 선도하는 젊은 좌파 정치인의 탄생을 환영하는 여론과 그에 대한 기존 정치세력의 비판과 저항이 교차하고 있다.*

---

* 퀸테로는 2022년 5월 10일 트위터에 좌파 대통령 후보 구스타보 페트로가 '첫 번째 변화'라고 말하는 비디오를 게시했다. 이를 두고 마르가리타 카베조 블랑코Margarita Cabello Blanco 연방 감찰관이 선거 개입 행위라며 3개월 동안 시장직을 정직시켰으나, 야당 정치인들은 이것이 위헌이라고 비판했다. 결선투표가 끝나고 페트로의 대통령 당선이 확정된 후 감찰관은 정직을 즉시 해제했고, 퀸테로 시장은 6월 21일부터 직무를 재개했다.

3

연결하고 이동하다 :
생태교통으로
하나 된 도시

메데진시 교통정책의
최우선 순위는 걷기에 두며.
그다음은 자전거, 대중교통,
택시, 자가용 순이다.

이는 자가용을 신줏단지로 모시며
재정을 고려하지 않은 채
도시철도 사업에 올인하는
한국과는 사뭇 다른 풍경이다.

교통정책의 기조

살기 좋은 도시는 어떻게 만들어야 할까? 나라면 '피라미드 뒤집기'를 잘해야 한다고 답할 것이다. 도시 규모에 따라 다소 차이는 있겠지만, 보행자를 최우선으로 고려하고, 다음으로 자전거와 대중교통, 마지막으로 자가용을 생각하는 것이다. 파리나 런던, 그리고 바르셀로나 같은 도시들이 최근 들어 추진하는 길이기도 하다. 그런데 1990년대 말부터 이런 교통정책을 신념으로 삼은 선지자가 있다. 스페인의 폰테베드라 시장직을 여섯 차례 연임 중인 미겔 안소 페르난데스 로레스 Miguel Anxo Fernández Lores다. 의사 출신의 정치인인 그는 1999년 7월 이 도시의 시장으로 취임한 이래 자신의 고문인 세자르 모스퀘라 César Mosquera와 함께 도시 리모델링을 23년째 계속하고 있다.

　　메데진도 폰테베드라처럼 시민들과의 사회적 합의에 바탕한 교통정책 기조를 유지하고 있다. 공기업 '메트로 데 메데진Metro de Medellín'을 비롯해 내가 방문한 주요 기관들―ACI 메데진, 대도시권 사무국Metropolitan Area Offices, EDU 등―은 모두가 앞서 말한 원칙 아래 독자적 비전을 수립했다. 다시 말해 모든 도시정책, 특히 교통정책의 최우선 순위는 걷기에 두며, 그다음은 자전거, 대중교통, 택시, 자가용 순이라는 원칙이다. 모든 기관, 모든 전문가가 브리핑할 때마다 빼놓지 않고 언급하는 메데진의 교통정책 기조다.

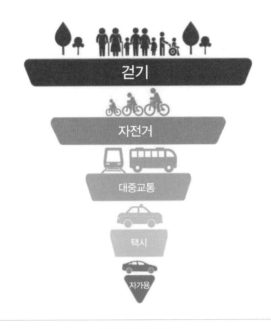

교통정책의 우선순위

이는 자가용을 신줏단지 모시듯 하고, 재정 여건을 고려하지 않은 채 무조건 메트로·경전철·트램 등 도시철도 사업에 올인하는 한국의 도시와는 사뭇 다른 풍경이다. 메데진에서는 지역 여건에 따라 다양한 교통수단을 개발해 시민들의 삶의 질과 접근성을 향상하고 있었다. 그래서일까? 이 도시에 가면 지구촌에 존재하는 거의 모든 교통수단을 경험할 수 있다.

메데진은 메트로케이블, 즉 케이블카를 대중교통 수단으로 만든 세계 최초의 도시다. 루이스 페레즈 구티에레즈Luis Pérez Gutiérrez 시장이 착공하고, 세르히오 파하르도 시장의 임기 첫해인 2004년에 메트로케이블 K라인을 개통한 후 지금까지 6개 노선이 완공되었다. 이는 노선 연장 규모로 볼 때 세계에서 두 번째다. 이 메트로케이블의 영향을 받아 보고타를 비롯해 라틴아메리카의 많은 도시에서 메트로케이블을 개통했고, 최근에는 스페인의 바르셀로나 교외에서 건설 중이며, 대만의 가오슝시에서도 유사한 프로젝트를 추진하고 있다.

세계에서 가장 폭력적인 장소 중 하나로 인식되던 메데진은 이제 지속가능한 도시 개발은 물론 생태교통 분야에서 빛나는 리더가 되었다. 연결성과 접근성을 우선시하는 '통합 이동성 네트워크integrated mobility network'를 통해 지속가능한 도시 교통이 도시를 활성화하는 데 중요한 기능을 한다는 걸 증명하고 있다.

메데진의 도심은 아부라 계곡에 위치하며 약 260만 명의 주민은 계곡과 산비탈 양쪽에 분포한다. 이런 독특한 지형은 메데진에서 사회적 배제의 역사가 탄생하는 데 주요한 원인으로 작용했다. 인구 급증에 따라 비공식 정착지가 난립한 이 언덕 지대는 오랫동안 기반시설이 제대로 마련되지 않았고, 도심과의 연결성을 위한 대중교통·서비스도 턱없이 부족했다.

메데진시가 설계하고 공기업인 메트로 데 메데진과의 파트너십을 통해 구현된 '통합 이동성 네트워크'는 연결되고 접근 가능하며 포용적인 도시를 만들기 위한 기본 단계를 나타낸다. 네트워크는 메트로, 메트로케이블 시스템, 간선급행버스체계BRT: Bus Rapid Transit, 전기버스 서비스, 공공 자전거 공유화 사업 및 기타 통합 서비스로 구성되어 있다.

이런 다양한 이동성 옵션 외에도 편의성과 접근성을 강조하는 여러 인프라 프로젝트가 수행되었다. 빈민가로 악명 높았던 코무나 13(산하비에르) 지역을 도시 중심부와 연결하는 상징적인 야외 에스컬레이터outdoor escalator 같은 프로젝트를 통해 시 당국은 안전을 증진하고 사회적 상호작용을 위한 새로운 기회를 제공하는 열린 공공 공간을 만들 수 있었다.

살기 좋은 생태교통 도시ecomobility city를 만들기 위해서는 공공 기관과 민간 기관을 모두 아우르는 전략적 파트너십이 필요하다. 시는 대규모 대중교통을 건설, 운영 및 관리하기 위해 1979년에 설립된 메트로 데 메데진은 물론 지역(아부라 계곡 대도시권) 정부와도 긴밀하게 협력하고 있다. 메데진 및 대도시권 협력·투자 기관ACI Medellín: The Agency for Cooperation and Investment for Medellín and Metropolitan Area 또한 도시 활성화의 중추적 행위자 가운데 하나다. 메데진시와 ACI 메데진은 도시의 운송 시스템을 더욱 혁신적이고 지속가능하며 포용적으로 만들기 위해 국제 협력 및 국내 비즈니스 개발을 장려하고 있다. 그 성과 중 하나로 2021년 11월 대한민국 국토교통부가 미화 1200만 달러 이상을 투자해 메데진시에 제공한 지능형 모빌리티의 두뇌인 통합교통정보센터CITRA를 들 수 있다.

메데진시와 전략적 파트너가 함께 수행하는 주요 이니셔티브 및 정책은 시민들이 도시 전역에서 더 쉽게 이동할 수 있도록 하여 포용성과 연결성을 높이는 데 중점을 두었다. 그 결과 최종 사용자를 위한 다양한 옵션이 있는 '통합 교통 시스템SITVA'이 탄생했다. 그 때문에 유엔 인간정주계획도 메데진을 세계에서 가장 지속가능한 생태교통 모범도시의 하나로 손꼽고 있고, 미국에 있는 교통정책개발연구원 ITDP도 '지속가능한 교통상'을 수여했던 것이다.

메트로, 트란비아, 메트로플러스

메데진의 메트로는 수도인 보고타보다 훨씬 먼저 건설된 대중교통 시스템으로 지하철이 아닌 노면과 고가형이 혼합된 중량전철 시스템이다. 1995년에 가장 수요가 많은 간선 교통축에서 운영을 시작했으며, 이후 도시에서 가장 인기 있는 대중교통 시스템이 되었다. 현재 메트로의 총연장은 31.3km이고, 역은 총 27개로 구성된다. A라인(25.8km)과 B라인(5.5km)으로 구성된 메데진 메트로는 현재 도시의 남북과 동서 방향으로 운행을 한다. 메트로가 처음 개통된 이래 20억 회 이상의 통행 실적을 보이고 있다. 현재 포블라도Poblado역을 비롯해 몇몇 역사에서는 출퇴근 시간의 과밀 상태가 심각한 수준이긴 하지만, 비교적 원활하게 메트로 시스템이 운영되고 있다.

그리고 메데진의 통합교통 시스템에서 메트로와 연계된 교통체계 중 중요한 역할을 담당하는 가선 트램이 있다. 이 트랜스로Translohr 트램은 원래 프랑스의 로르 앵뒤스트리Lohr Industrie에서 개발한 고무 차륜 트램웨이 (또는 가이드 버스) 시스템이다. 현재 프랑스의 파리와 클레르몽페랑, 중국의 톈진과 상하이, 그리고 이탈리아의 베네치아 등에서 운행하는 시스템이기도 하다.

트란비아Tranvía라 불리는 메데진의 노면전차 시스템(아야쿠초 트

인두스트리알레스 환승역

램Ayacucho Tram이라고도 함)은 2016년 3월부터 정식 운영을 시작했다. 콜롬비아에서 유일한 고무 타이어 트램인 트란비아는 기존의 강철 바퀴 트램웨이보다 가파른 언덕을 더 잘 주행한다. 노선은 4.2km의 트랙에 걸쳐 9개 역으로 구성되어 있고, 그중 4개 역은 메데진시의 메트로, 메트로플러스, 그리고 메트로케이블 시스템과 상호 환승이 가능하다. 하루에 약 8만 5000명의 승객을 수송한다.

　　그리고 전기버스 전용 노선인 O라인의 경우는 길이가 9km로 27개 정류장이 있고, 메트로와 메트로플러스 시스템을 잇는 환승정류장이 3개 있다. 카리베Caribe역에서 라팔마La Palma역까지 80번가 전체를 따라 운행하는 이 노선은 2019년 9월에 메데진에 새로 도착한 64대의 전기버스 중 20대를 우선 배차해 그해 12월 운영을 시작했는데, 주로 메데진 서부 지역에 위치한 유니버시티 시타델 등 대학기관의 학생들에게 도움이 될 것으로 예상된다. 운영 시간은 오전 4시

30분부터 밤 11시까지이며 메데진시의 통합요금제를 적용받는다.

이 밖에도 라틴아메리카 도시에서 가장 보편적인 대중교통 체계인 간선급행버스 시스템도 중요한 역할을 맡고 있다. 간선급행버스체계BRT란 철도 운영 개념을 버스에 도입한 것으로, 통행속도·정시성·수송능력 등을 도시철도 수준으로 대폭 향상시킨 저비용·고효율의 대중교통수단 또는 시스템을 의미한다. 이 시스템은 메트로나 트램보다 건설 비용이 저렴하고 일반 버스보다 빠르며 트램보다 유연하다.

메데진시는 2011년 12월 메트로플러스Metroplús로 알려진 간선급행버스 시스템을 처음으로 건설했다. 총연장 26km인 2개 노선으로 구성되며, 총 35개의 역과 정류장이 있다. 1호선과 2호선은 경로가 유사하다. 실제로 둘 다 벨렌Belén의 메데진 대학교에서 시작하여 아랑훼즈 공원Parque Aranjuez에서 끝난다. 1호선은 21개의 역이 있고

메트로플러스의 마요르 광장 스테이션

더 빠르지만, 2호선은 24개의 역이 있고 도시의 서쪽에 있는 다른 노선을 이용하고 있다. 메트로로 갈아타고 싶다면 두 노선 모두 좋은 선택이다. 메트로플러스를 타고 가다 인두스트리알레스Industriales 역과 오스피탈Hospital 역에서 메트로 A라인으로 환승하거나, 시스네로스Cisneros 역에서 B라인으로 갈아탈 수 있다. 또 라팔마La Palma 역에서 전기버스 노선인 O라인으로, 산호세San Jose 역에서는 트란비아로 환승할 수도 있다.

메트로플러스 1호선에서는 정원이 154명인 대용량 굴절버스가 운행 중이다. 또 신속한 수송을 위한 중앙버스전용차로와 섬식 정류장을 운영하고 있기에 굴절버스는 대부분 양문형이다. 현재는 위성도시인 이타귀Itagüí와 엔비가도Envigado를 연결하는 남쪽 회랑Corredor Sur에 메트로플러스 3호선이 건설 중이다. 이렇게 모든 대중교통 수단은 상호 보완하며, 메데진 전역을 거미줄처럼 연결한다.

최근에는 디젤 버스의 배기가스를 줄이고 대기질을 개선하는 데 도움이 되었던 천연가스 버스를 더욱 기후친화적인 전기버스로 교체하는 추세에 있다. 메데진시에서는 이를 위해 민간 기업들과 파트너십을 맺고, 버스 편대의 약 70%를 전기버스로 교체할 계획이다.

2019년에 메트로플러스를 운영·관리하는 공기업을 직접 방문한 적이 있다. 그때 이들은 내게 메데진이 라틴아메리카를 대표하는 전기버스의 수도가 되려고 한다는 야심 찬 계획을 들려주었다. 중국 선전에 본사가 있는 BYD의 전기버스 64대가 이미 메데진에서 본격적으로 운행을 시작했다. 80명이 정원인 이 전기버스는 양문형으로 좌우에 승하차 출입문이 모두 있어 섬식 정류장은 물론 가로변 정류장에도 정차할 수 있다. 이런 버스가 대규모로 도시에서 운행하게 되

메데진시 통합교통망도

면 버스 교통 시스템도 혁명적으로 바뀌게 될 것은 분명해 보인다.

지금까지 소개한 메트로, 트란비아와 전기버스, 그리고 메트로플러스 시스템은 아래에서 소개하는 메트로케이블과 함께 통합 요금제로 운영되고 있다. 메데진 메트로의 표준 요금은 2930콜롬비아 페소(967원)이고 시비카Cívica 카드를 사용할 경우 350콜롬비아 페소(116원)를 할인해주기에 2580콜롬비아 페소(850원)만 지불하면 된다. 어떤 교통수단을 조합하여 이용하느냐에 따라 약간의 추가 요금이 발생하지만, 경로가 어떻든 4215콜롬비아 페소(1390원) 이상은 들지 않는다. 그리고 일반인과 고령자, 학생, 장애인 등을 구분해 요금을 차등 적용한다(2022년 메트로 네트워크 요금은 75쪽 그림 참조). 교통카드인 시비카로는 다양한 민간 서비스를 이용할 수 있고, 특히 메데진시의 공공 자전거인 엔시클라를 무료로 이용할 수도 있다.

메트로케이블

1950~1960년대에 콜롬비아 농촌 지역의 정치적 폭력으로 인해 많은 인구가 도시로 이주해 왔고, 메데진을 둘러싼 언덕에 비공식 정착지가 개발되었다. 1990년대 말까지 이 코무나는 헥타르당 400개가 넘는 주거지가 있어 도시에서 인구 밀도가 가장 높은 지역이었다. 같은 기간 메데진은 글로벌 마약 거래의 중심지가 되었고, 1990년대에는 세계에서 가장 폭력적인 도시로 변화했다. 1992년 인구 10만 명당 381건의 살인율로 정점을 찍었고, 코무나의 주택은 대체로 무허가 건물이었으며 도로 인프라 또한 열악했다. 택시와 버스 서비스가 있었지만 도심으로의 여행은 거의 불가능했던 탓에 기회 부족, 높은

Tarifas 2022 para la red Metro

Conozca el costo total de su viaje según las siguientes alternativas de integración (del **1** al **10**) entre medios que usted realice y su **perfil Cívica.**

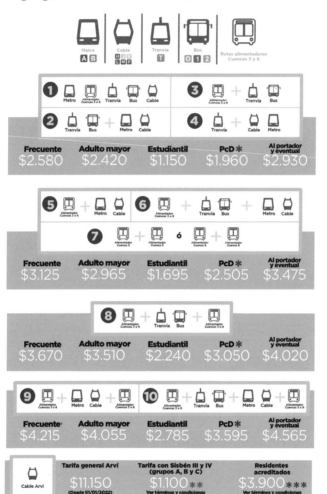

Frecuente	Adulto mayor	Estudiantil	PcD ✳	Al portador y eventual
$2.580	$2.420	$1.150	$1.960	$2.930

Frecuente	Adulto mayor	Estudiantil	PcD ✳	Al portador y eventual
$3.125	$2.965	$1.695	$2.505	$3.475

Frecuente	Adulto mayor	Estudiantil	PcD ✳	Al portador y eventual
$3.670	$3.510	$2.240	$3.050	$4.020

Frecuente	Adulto mayor	Estudiantil	PcD ✳	Al portador y eventual
$4.215	$4.055	$2.785	$3.595	$4.565

Cable Arví	Tarifa general Arví	Tarifa con Sisbén III y IV (grupos A, B y C)	Residentes acreditados
	$11.150 (Desde 01/01/2022)	$1.100 ✳✳ Ver términos y condiciones	$3.900 ✳✳✳ Ver términos y condiciones

2022년 메트로 네트워크 요금

실업률, 낮은 소득 수준 및 폭력 등이 메데진을 불평등 사회로 고착화 시켰다.

이런 불평등이 이 지역에 낙인을 찍게 했다. 콜롬비아 무장혁명 군FARC, 국민해방군National Liberation Army, 인민무장특공대People's Armed Commandos가 존재하던 코무나13은 경찰과 군대가 들어갈 수 없는 곳이 되었다. 그러다가 2000년대 초반부터 메데진은 암흑기의 폭력에서 벗어나려 노력하기 시작했다. 2002년 10월 알바로 우리베 Alvaro Uribe 대통령은 오리온Orion 작전을 개시하여 콜롬비아 무장혁 명군을 코무나에서 제거하고 휴전을 선언했다. 이것은 메트로케이블 Metrocable 및 공공 서비스 지원의 길을 여는 데 큰 도움이 되었다.

메트로케이블 프로젝트는 1985년의 대도시권 도로 계획Metro-politan Road Plan을 기반으로 1999년 '메트로 데 메데진'이 처음 제안 했다. 저소득층 지역과 접근성이 열악한 지역을 연결하기 위한 것이 었다. 루이스 페레즈 시장은 이 메트로케이블 프로젝트를 적극 추진 했지만 야당 시장 후보와 언론의 정치적 냉소에 직면했다. 또한 보험 회사가 메트로케이블 프로젝트와 관련된 위험을 감수할 의사가 없었 기 때문에 보험 계약자를 확보할 수도 없었다. 이런 불리한 여건 속에 서도 페레즈는 메트로케이블에 대한 신념을 굽히지 않았다. 그리고 그 후임자인 파하르도와 살라자르 시장도 가장 중요한 '사회적 도시 계획' 프로젝트의 하나로 메트로케이블 프로젝트를 꼽으며 이 사업을 계속 지원했다.

메트로케이블 시스템은 저렴하고 포용적이며 혁신적인 녹색교 통 체계로 메데진시를 상징하는 대표적인 공공부문 프로젝트이다. 최 초의 선구적인 K라인은 2004년에 완공되었으며, 이것은 코무나1과

메트로케이블 K라인

2를 도심과 연결한다. 약 23만 명의 인구가 거주하는 23개 마을을 영
향권에 두는 K라인은 포르세강Rio Porce에서 정상에 있는 산토도밍고
역까지 2.1km의 경로를 15분 만에 주행한다. 메트로케이블이 운행되
기 전에 이 길은 1시간 이상 걸렸다. J라인은 2008년에 완공되었으며
코무나7과 13을 연결한다. 이 노선은 약 31만 5000명의 인구가 사는
37개 마을을 통과한다. 2010년에 완공된 세 번째 라인인 L라인은 통
근용이 아니라 산토도밍고사비오와 아르비 공원Parque Arví을 연결하
는 관광 노선이다.

  H라인은 2016년 12월 개통된 네 번째 케이블카 노선이다. 메
데진 동부의 코무나8에 거주하는 15만 명 주민들의 교통 개선을 위
해 만든 이 노선은 시간당 1800명을 수송할 수 있다. K라인 및 J라인

과 마찬가지로 이 케이블카는 아야쿠초 트램과 연계된다. 케이블카는 트램 노선의 종착역인 오리엔테에서 언덕 위의 비자시에라Villa Sierra 지역까지 승객을 실어 나른다. 과거에는 비자시에라를 연결하는 길이 가파르고 좁은 도로 하나뿐이었지만 이제는 오리엔테 트램 역에서 케이블카를 타고 5분 만에 갈 수 있다. 기술적으로 MDG 시스템은 시그마 캐빈스Sigma Cabins사에서 제작한 10인승 곤돌라(캐빈)를 사용하는 메데진의 기존 케이블카와 거의 동일하다. 길이 1.4km의 H라인은 시내에서 두 번째로 짧은 케이블카 노선이다.

H라인과 마찬가지로 메트로케이블 M라인은 메데진의 동부 지역을 운행하며 아야쿠초 트램에 연결된 두 번째 케이블카이다. 원래 2016년 7월에 완공될 예정이었던 M라인은 미라플로레스Miraflores 환승역에서 복잡한 지질적·구조적 문제가 발생하는 바람에 공사가 지연되었다. 2018년 8월에 개통된 길이 1.05km인 M라인은 메데진에서 가장 짧은 도시형 곤돌라 시스템이다. 하부 역(미라플로레스)에서 상부 역(트레세데노비엠브레Trece de Noviembre)까지 승객은 275m의 수직 상승을 경험하면서 11개의 타워를 지나게 된다.

이 밖에도 새로운 케이블카 노선 하나가 2021년 6월부터 운행을 시작했다. 여섯 번째로 개통되는 메트로케이블 피카초MetroCable Picacho(P라인) 시스템의 본격적인 운행을 앞두고 테스트 과정의 마지막 단계인 '백색 행진marcha blanca'이 4월부터 시작되었고, 5월 말까지 시민들이 시스템에 익숙해질 수 있도록 무료(오후 2~4시)로 운영하기도 했다.

다니엘 퀸테로 시장은 "P라인은 메데진은 물론 아메리카 대륙에서 가장 많은 용량과 빠른 속도를 보이는 메트로케이블로 시간당

메트로케이블 K라인 산토도밍고역

4000명의 승객을 각 방향으로 수송할 수 있고, 연간 979톤의 이산화탄소를 줄이며, 3만 m²의 새로운 공공 공간을 추가로 공급하게 되었다"고 말했다.

이 노선에는 아세베도Acevedo, 세나SENA, 도세데옥투브레Doce de Octubre 및 엘프로그레소El Progreso 등 4개의 역이 있다. 코무나 5(카스티자Castilla)와 코무나6(도세데옥투브레Doce de Octubre)에 거주하는 약 42만 명이 직접적인 수혜를 받게 되고, 매일 3만 6800명의 승객을 실어 나를 것으로 예상하고 있다. 메트로케이블 피카초는 메데진에서 최초로 '직접 구동' 기술을 사용한 케이블카 시스템이다. 이 시스템의 모터는 종전보다 소음이 작고, 효율적이며 유지 보수도 훨씬 쉽다. 또한 시속 18km로 캐빈을 이동시킬 수 있어 4개의 역사를 11분 만에 주파할 것으로 알려졌다.

시험 운전이 모두 끝나고 작년 6월에 완전히 개통하게 된 아세베도역에서 메트로 A라인과 연결되고, 메트로케이블 K라인과도 연결된다. 그렇게 되면 코무나5와 6에 거주하는 주민들도 K라인의 종점 산토도밍고에 있는 에스파냐 도서관 공원을 이용할 수 있고, 여기서 다시 환승해 '아르비 생태공원'을 갈 수도 있다. 이로써 메데진 북부지역에 있는 4개 코무나가 완전히 케이블카 시스템으로 통합되어 도시 빈민들의 교통 편의는 물론 접근성도 획기적으로 향상될 것으로 보인다.

지금까지 개략적으로 소개한 메트로케이블 6개 노선은 코무나1, 2, 5, 6, 7, 8 및 13의 이동성 및 접근성을 높이고 있다. 그리고 빈곤 감소, 소득 증가, 낙인(오명) 감소, 환경 편익 등의 효과를 낳고, 기후위기 완화에도 크게 이바지하고 있다.

메데진 메트로케이블 노선 현황

	K라인	J라인	L라인	H라인	M라인	P라인
개통 연도	2004	2008	2010	2016	2019	2021
길이(km)	2.07	2.7	4.8	1.4	1.05	2.7
상업 속도(m/초)	5	5	6	5	5	5.5
역 수	4	4	2	3	3	4
캐빈 수	93	119	55	44	49	138
캐빈 정원	10	10	10	10	10	12
시간당 수송 능력	3000	3000	1200	1800	2500	4000

출처: 메데진 메트로, POMA 등

메트로케이블은 7개 코무나 주민의 삶의 질 향상에 기여했다. 일자리에 대한 접근성 증가로 소득과 주택 보유율이 늘었다. 코무나가 도시와 연결되며 지역사회에 대한 낙인 효과는 줄어들었다. 메트로케이블은 환경에도 긍정적으로 작용한다. 이곳의 케이블카는 주로 수력발전소에서 끌어온 전기로 작동하기에 배출 가스가 발생하지 않는다. 메트로케이블 20m 이내의 건물에 대해서는 주차장 설치와 차량 접근을 제한해 개인 교통수단의 이용을 억제한다. 이렇게 오염과 혼잡의 변수를 줄임으로써 기후변화에도 대처하고 있는 셈이다.

옥스팜Oxfam의 '혁신적이고 포용적인 녹색 대중교통 시스템'이란 부제를 단 메트로케이블 관련 보고서를 보면 흥미로운 사실이 하나 발견된다. 메데진의 메트로케이블 시스템은 빈민가를 변화시키는 데 가장 성공한 사례로 국제사회에서 높은 평가를 받고 있는 반면, 리우데자네이루시의 '텔레페리코 두 알레망Teleférico do Alemão'의 경우는 실패 사례로 소개되고 있다. 2014년 FIFA 월드컵과 2016년 올림픽을 개최하기 전에 구축한 리우데자네이루의 케이블카 시스템은 이 도시에서 가장 오래된 파벨라(빈민가) 중 하나인 모후다프로비덴시아Morro da Providência와 콤플렉스두알레망Complexo do Alemão 사이를 연결한 노선이다. 지역 정계에서 가장 주목한 프로젝트이긴 하지만, 해당 지역 주민들 사이에는 그렇게 우선순위가 높은 사업도 아니었던 것 같다. 기본적인 위생시설과 주택을 원했던 파벨라 주민들은 이 사업을 지역사회 위를 날아다니는 흰 코끼리라고 비판하기도 했던 모양이다.

텔레페리코 두 알레망 시스템은 약 70%의 파벨라 주민이 이용할 것으로 예상되었지만, 건설된 지 1년이 지난 후에는 불과 8% 정도만 이용했다. 개발 계획을 수립할 때부터 본격적으로 운영할 때까지 전 과정을 비교해봐도 문제점투성이였던 것 같다. 그 결과 2011년 7월 7일 운영을 시작한 이 케이블카 시스템은 2016년 9월부터 주정부 자금이 더 이상 지원되지 않아 현재는 운행을 멈춘 상태이다.

메트로케이블 프로젝트가 긍정적인 효과만 가져온 것은 아니었다. 한계 또한 적잖이 발견된다. 첫째, K 및 J라인의 수용 인원은 한 방향에 시간당 3000명으로 제한되어 추가적인 접근성 개선을 어렵게 만들고 있다. 이에 반해 최근 개통한 P라인은 시간당 4000명의 승객을 수용할 수 있다. 이는 10명이 아닌 12명의 승객을 태울 수 있는 더 큰 캐빈을 설치한 덕분이기도 하다. 둘째, 교통 시스템에 접근하려면 역까지 긴 시간 동안 걸어가야 하고 러시아워에는 긴 대기 줄이 생기기도 한다. 심한 경우 대기 시간이 최대 1시간에 달할 때도 있는 것으로 알려졌다. 그리고 케이블카와 버스 네트워크의 자료에 따르면 J라인은 안전도가 더 낮은 것으로 여겨지며, 이는 J라인 주변 지역이 더 폭력적이라는 일반적인 인식을 뒷받침한다.

공공 자전거 엔시클라

보편적 기본소득UBI은 소득 불평등을 해결하는 방법으로 오랫동안 논의되어왔지만, 고용을 직접적으로 촉진하는 해결책이 있다. 바로 사람들을 일자리에 데려다주는 보편적 기본교통UBM: universal basic mobility이다.

출퇴근 시간이 긴 지역에는 가난한 사람이 많다. 교통 사정이 좋지 않은 지역은 실업률이 높고 소득이 낮다. 이동의 자유에 대한 권리는 모든 나라의 헌법보다 우선하며, 세계 인권 선언문에도 명시되어 있다. 이는 단순한 인권이 아니라 건강한 경제의 기초이다.

보편적 기본교통은 사회의 모든 구성원에게 최소한의 이동성을 무료로 제공하는 파트너십이자 정책 시스템이다. 고립된 상태에 머물러 있는 사람들은 건강이 나쁘고 비생산적이며 불행하다. 이동하는 인구는 경제적·문화적·사회적으로 역동적이다. 보편적 기본교통은 자동화 및 새로운 모빌리티 플랫폼을 활용하여 경제 성장을 가속화하고 모든 사람에게 고용에 대한 접근성과 삶의 질을 향상시킬 수 있는 수단을 제공한다. 그런 대표적인 사례를 우리는 메데진에서 볼 수 있다.

2009~2011년 사이에 메데진시는 메트로 시스템과 부분적으로 통합될 자전거도로 네트워크를 만드는 데 투자했지만, 불행히도 이 자전거도로는 잘 활용되지 않았다. 그에 대한 대안으로 EAFIT 대학교는 공공 자전거 공유 시스템 구축에 관한 아이디어를 시에 제안했다. 제안이 승인되자 EAFIT 팀은 이 자전거 공유 시스템에 대한 파일

럿 프로그램을 설계하고 실행에 옮겼다. 시범 프로그램은 성공적이었다. 엔시클라EnCicla로 알려진 이 시스템이 2013년에 운영을 시작하며 메데진은 공공 자전거 공유 시스템을 갖춘 콜롬비아 최초의 도시가 되었다.

이 운송 시스템은 원래 EAFIT 대학교의 제품 디자인 엔지니어링 프로그램에 참여하고 있던 3명의 학생이 2010년에 시작했다. 2011년에는 아부라 계곡 대도시권에 있는 6개의 스테이션과 105대의 자전거로 시범 사업을 시작했다. 이 사업의 목표는 자전거를 메데진의 친환경적이고 지속가능하며 경제적인 운송 시스템으로 자리 잡게 하는 것이었다. 이것이 오늘날 메데진시의 공공 자전거 운송 시스템의 단초가 된 것이다.

이 시스템은 2022년 현재 메데진에서 총 103개 자전거 스테이션(사바네타에 있는 2개의 스테이션 포함)에 2000대 이상의 자전거를 보유하고 있다. 또한 엔시클라 스테이션의 약 33%가 메데진 메트로 역 근처에 위치한다. 따라서 메트로 역에서 택시나 버스 대신 무료 자전거를 이용해 편안하게 이동할 수 있다. 안드로이드폰과 아이폰 모두에서 사용 가능한 엔시클라 모바일 앱은 라이브 맵을 통해 각 스테이션에서 사용 가능한 자전거의 수를 보여준다. 자전거 이용률을 높이는 데 큰 효과를 거둔 엔시클라 시스템은 메데진의 '대도시권 교통계획 전략'에도 통합되어 있다. 현재는 SITVASistema Integrado de Transporte del Valle de Aburrá로 알려진 아부라 계곡 통합 교통 시스템의 한 축을 이룬다.

엔시클라는 현재 아부라 계곡의 나머지 지역으로도 확대되고 있다. 2018년 말, 시스템이 엔비가도Envigado, 사바네타Sabaneta 및 이타귀Itagüí로 확장되었다. 이 단기 확장 사업을 통해 엔비가도에 16개 스테이션, 이타귀에 15개 스테이션, 사바네타에 11개 스테이션이 설치되면서 2000대의 자전거가 추가로 배치되었다. 2019년에 엔시클라는 아부라 계곡의 10개 지방자치단체에 총 100개의 스테이션을 추가하고, 자전거도로도 확충했다. 엔시클라의 최종 목표는 총 150개의 스테이션과 3000대의 자전거를 보유하는 것이다.

메데진의 엔시클라 자전거 대여 시스템은 성공적이다. 멕시코시티의 에코비시EcoBici는 475개의 스테이션에서 하루에 약 3만 5000회의 자전거 통행이 이루어진다. 이에 비해 엔시클라는 스테이션과 자전거 보유 대수가 적음에도 불구하고 효과가 더 큰 것으로 나타난다. 엔시클라 시스템의 자전거는 하루에 한 대당 10회 정도 이용

공공 자전거 엔시클라

하는 것으로 보고되고 있다. 2019년 확장 이후 메데진 엔시클라는 세계에서 가장 성공적인 공공 자전거 대여 시스템 중 하나가 될 것으로 예상된다.

엔시클라 시스템을 이용하려면 메트로 시비카Metro Civica 카드를 등록해야 한다. 이 카드를 가진 사용자에게 한 번에 최대 1시간 동안 시 소유 자전거를 무상으로 대여한다. 대여 시간이 더 필요하면 엔시클라 스테이션에서 1시간 더 갱신할 수도 있다. 메데진시에서는 시간을 엄격하게 제한하고 있으며, 1시간을 초과하면 며칠 동안 시스템 사용에 불이익을 받게 된다. 즉 61~75분을 초과하면 3일간 페널티를 받고, 76~120분은 4일 페널티, 121~180분은 6일 페널티, 181~240분은 10일 페널티, 241~360분은 15일 페널티, 그리고 361분을 초과하는 경우 60일간의 페널티를 받는다.

엔시클라 자전거 대여 시스템은 월요일부터 금요일까지는 오전 5시 30분부터 오후 10시까지 운영되며, 마지막 자전거 대여 시간은 오후 9시다. 그리고 토요일에는 시스템이 오전 6시 30분부터 오후 4시까지 운영되며 마지막 자전거 대여 시간은 오후 3시고, 일요일에는 운영되지 않는다. 또한, 시간 예외가 있는 스테이션이 유일하게 하나 있다. 월요일부터 금요일까지 로블레도Robledo 스테이션은 오전 6시 30분부터 오후 7시까지 운영되며 마지막 자전거 대여 시간은 오후 6시다.

엔시클라는 2019년 말까지 아부라 계곡의 10개 지방자치단체로 확대되었다. 메데진시 일대는 콜롬비아뿐 아니라 라틴아메리카를 대표하는 '보편적 기본교통'의 확산 기지 역할을 하는 소중한 공간이 되었다.

산하비에르 에스컬레이터

산하비에르(코무나13)에는 메트로 B라인과 메트로케이블 J라인의 기점이 위치해 있다. 둘 다 거주민들의 접근성을 개선하기 위해 설치되었지만, 에스컬레이터야말로 메데진의 도시재생에 대한 국제적 찬사에 크게 기여한 교통시설물이다. 산하비에르의 에스컬레이터는 이 도시가 끔찍한 과거의 흐름을 어떻게 바꾸기 시작했는지 보여주는 훌륭한 사례이다. 현재 메데진 교통 시스템의 보석 가운데 하나로 여겨지는 이 에스컬레이터는 실제로는 메트로 시스템의 일부가 아니다.

2011년 말에 착공해 2012년 초에 완공된 이 시설은, 약 28층 높이(350개 계단)의 산자락을 30분 정도 힘들게 오르던 곳을 단 6분 만에 이동할 수 있게 만든 야외형 에스컬레이터이다. 6개 구간을 길게 연결해 설치한 에스컬레이터는 유리 패널이 있는 주황색 지붕으로 덮여 있어 외부 위험을 차단하는 동시에 주변 색상과도 잘 어울린다. 또 측면에 계단식 보도를 함께 설치했다. 그리고 에스컬레이터 꼭대기에는 전망대가 있고 작은 이벤트 공간까지 마련되어 다양한 행사가 연중 내내 열리도록 해두었다.

전체 길이는 384m이고, 비용은 191억 콜롬비아 페소(한화 64억 2000만 원)가 소요되었지만 주민들은 무료로 이용할 수 있다. 약 1만 2000명의 주민이 수혜 대상으로 산하비에르의 삶의 질을 개선하는 데 크게 기여했다. 2013년 《월 스트리트 저널》이 '올해의 도시'로 메데진을 선정한 주요 이유였다.

테르미날레스 메데진Terminales Medellín은 2011년부터 이 프로젝트를 운영·관리해왔다. 관리 직원 3명, 감독자 2명, 지역 관리자

13명 등 18인이 한 팀이 되어 에스컬레이터의 운행을 책임진다. 이 프로젝트는 메데진시의 모빌리티 사무국Mobility Secretariat과 주민 조직이 맺은 협약에 따라 운영된다. 이 에스컬레이터 덕분에 인데펜덴시아 마을에는 한 달에 약 3만 명, 1년에 약 40만 명의 외국인 관광객이 찾는다고 한다.

인데펜덴시아 바리오는 이제 메데진의 나머지 지역에 개방되어 사람들이 계곡에서 쉽게 일자리를 얻을 수 있게 되었다. 점차 안전하게 바뀐 바리오는 갱과 마약 밀매업자에게 썩 매력적이지 않은 공간이 되었다. 산하비에르의 한 주민은 이렇게 말했다. "에스컬레이터가 없었다면 적십자를 비롯한 지역사회 단체와 정부 기관 사람들이 이곳

산하비에르의 에스컬레이터

으로 출근하지 못했을 겁니다. 이제 이런 기관들이 역할을 함으로써 우리는 더 나은 사회 프로그램을 조직하고 조정할 수 있게 되는 등 이 지역에 큰 변화가 일어났습니다."

에스컬레이터는 산하비에르 메트로 역에서 마을버스나 택시로 접근할 수 있다. 많은 사람이 에스컬레이터 주변 공간에서 몇 시간씩 보내곤 한다. 에스컬레이터 주변은 지역 예술품, 음악과 춤, 음식으로 가득 차 있다. 해당 지역이 관광 명소가 되면서 방문객이 늘었고, 이는 지역경제 활성화에도 적잖은 도움이 되고 있다. 그 결과 메데진에서 가장 다채로운 컬러를 지닌 코무나 중 하나가 되었다. 에스컬레이터 주변 지역은 이제 벽화와 낙서, 밝은 색상과 거리 예술로 뒤덮여 있다.

한국에도 메데진의 에스컬레이터와 유사한 교통시설물이 있다. 부산 동구 초량동에는 168계단 옆에 '168계단 모노레일'이 설치되어 있다. 산복도로 르네상스 사업의 하나로 32억 원을 투입해 2015년에 만든 것이다. 8인승 모노레일 선로의 총 길이는 60m이고, 분당 35m 의 속도로 움직인다. 객차의 유리창을 통해 부산항과 산복도로의 풍 경을 즐길 수 있어 현지 주민은 물론 관광객도 많이 이용한다.

현재 무료로 운행 중인 모노레일이 조만간 유료로 바뀌는 것 같 다. 부산 동구청이 이용료(1500원)를 받기 위해 '초량 168계단 모노레 일 운영 및 관리 조례'를 제정할 계획이고, 조례안이 의회를 통과하면 본격 실행할 예정이라고 한다. 동구 지역화폐인 e바구페이를 발급받 은 사람은 모노레일을 무료로 탈 수 있지만, 다른 자치구에 거주하는 부산 시민이나 관광객은 앞으로 1500원을 내야만 탈 수 있을 것으로 보인다. 60m의 짧은 거리에 시내버스 요금보다 비싼 이용료를 낸다 면, 앞으로 누가 이 모노레일을 타겠는가.

이보다 4년이나 앞서 설치한 메데진의 에스컬레이터는 현재 코무나13의 주민은 물론 관광객도 무료로 이용하고 있다. 총연장 384m로 초량동의 선로보다 6배 이상 길다. 왜 메데진은 에스컬레이터를 엔시클라와 같이 '보편적 기본교통'의 하나로 채택한 것일까? 아마도 이들의 교통정책 기조와 맞닿아 있을 것으로 짐작된다.

피코 이 플라카

메데진에서는 점차 교통 혼잡과 대기오염이 커다란 문제로 대두되고 있다. 특히 도시 중심부에서 매우 심각하다. 이에 시에서는 교통량과 차량 공회전을 줄이기 위한 여러 이니셔티브와 정책을 시행하고 있다. 여기에는 '차 없는 날no-car days'과 시클로비아, 물류 차량 전용 배달 시간제 운영, '피코 이 플라카Pico y Placa'('러시아워와 번호판'이라는 뜻)라는 교통 수요관리 정책 등이 포함된다.

'피코 이 플라카'는 메데진시와 아부라 계곡 대도시권에서 적용되는데, 차량 번호의 첫 자리(오토바이)와 끝자리(자가용)로 구분하여 통행을 제한하는 부제운영 시스템이다. 해당되는 자가용과 오토바이의 운행을 오전 5시부터 오후 8시까지 제한하고 있으며, 이를 준수하지 않을 경우 50만 콜롬비아 페소의 벌금과 차량 운행 정지 명령을 받게 된다.

'피코 이 플라카' 조치가 면제되는 곳은 시스테마비알델리오Sistema Vial del Rio, 아베니다33Avenida33, 아베니다라스팔마스Avenida Las Palmas, 라이구아나La Iguana, 아우토피스타수르Autopista Sur 등 7개 구간이다. 이 밖에도 구급차, 소방차, 크레인 및 응급치료 장비 운

'피코 이 플라카' 계획표

반 차량 등이 면제된다. 또한 언론사, 공공 서비스, 국가안보기관, 사설 보안회사, 장례식, 영사 차량 등이 면제되고, 최근에는 전기차도 면제 대상이 되는 것으로 알려져 있다. 대기오염이나 미세먼지 경보가 내렸을 때 한시적으로 운영하는 한국과는 달리 메데진은 부제운영을 일상적으로 시행하고 있다. 최근 들어서는 택시까지 포함한다고 한다. 통행량을 억제하려는 노력이 우리보다 훨씬 더 공격적이다. '피코 이 플라카' 프로그램은 통행량 억제뿐 아니라 메데진시가 탄소중립 목표를 달성해가는 데도 중요한 시책이다.

전략적 목표 및 향후 개발계획

앞으로 메데진시와 '메트로 데 메데진'은 대중교통 네트워크를 더욱 사용자 친화적으로 만들기 위해 메트로, 메트로플러스 및 트란비아, 그리고 메트로케이블을 점점 더 통합해나갈 것이다. 또한 도시의 이동성을 개선하고 안전을 강화하며 도시 내 삶의 질을 향상시키기 위한 조치와 시책을 지속적으로 추진하고, 다양한 국제협력도 병행해갈 것으로 보인다.

2018년 6월, 페데리코 구티에레즈 메데진 시장과 한국의 국토교통부가 도시교통 개선 프로젝트를 수행하기 위한 협력의정서에 서명했고, 그해 11월 미화 1200만 달러 이상을 지원하기로 했다. 그동안 이 자금으로 주로 세 가지 분야에서 협력해온 것으로 전해진다. 6개 기관별로 운영·관리해오던 신호, 방범, 버스정보 등을 한데 모으는 통합교통정보센터의 구축과 체계화된 차량 주차 관리 시범사업, 그리고 현지 직원과 전문가들에게 교육 및 기술 전수를 하는 지능형 교통훈련 프로그램 개발 등을 추진해왔다. 이들 사업은 2021년 11월 말경에 마무리되었다.

메데진시와 안티오키아 대도시권의 이동성을 향상시키는 지능형 교통 시스템인 통합교통정보센터CITRA를 통해 메데진 메트로, 아부라 계곡 대도시권, 메데진의 지능형 모빌리티 시스템SIMM 및 신호등 시스템CIOS 등 7개의 정보 시스템이 완전히 통합되었다. 이를 넘겨주는 공식 행사에서 한국 정부는 CITRA 운영자와 교통 경찰관이 사용할 전기 오토바이 20대를 함께 기증했다. 우리 정부 관계자는 "이제 메데진시는 교통을 보다 효율적으로 관리하고 시민들에게 실시간 교통정보를 제공하여 보다 스마트한 여행을 가능하게 함으로써 교통사고를 예방하고, 이동의 편안함을 보장할 수 있게 될 것"이라고 말했다. 이런 교통 분야의 국제협력사업에는 메데진·대도시권 투자협력청ACI Medellín이 상당한 역할을 수행한 것으로 보인다.

'메데진 개발 계획 2016~2019El Plan de Desarrollo 2016-2019'는

무동력 교통수단의 이용을 촉진하고, 자전거 인프라 개발, 지속가능한 교통수단으로 자전거 이용 촉진, 보행자의 이동 편의성을 지원하기 위한 보행 기반시설의 통합·구축을 추진하기 위해 마련되었다. 구체적으로는 80km의 새로운 자전거도로 건설, 45km의 기존 자전거도로 유지 관리, 287개의 자전거 주차장 개발을 목표로 하고 있다. 이 계획은 또한 도시의 보행자 복지와 자전거 이용률을 늘리는 것을 목표로 한다. 라플라야 거리La Playa Avenue 시범 프로젝트는 21개의 새로운 보도 개발 및 자동차 속도 제한 설정을 통해 자전거 및 보행친화성walkability을 높이고, 안전을 우선적으로 배려하는 도시 만들기 사업에 역점을 기울였다.

이 밖에 '메데진 안전 이동성 계획 2014~2020PMSM: Plan de Mobilidad Segura de Medellín 2014-2020'을 마련해 도로 안전 개선에도 힘써왔다. 그 내용을 살펴보자면, ① 관리 및 기관 간 조정을 강화하고, ② 도로 사용자의 행태, 습관 및 행동을 개선하며, ③ 차량 및 안전 장비의 통제 및 감독을 강화하고, ④ 도로 안전 기반시설의 계획, 구축 및 유지에 노력하며, ⑤ 도로에서 부상당한 사람에게 신속하고 전문적인 서비스를 제공하도록 했다.

여기서 한 걸음 더 나아가 아부라 계곡의 중심도시인 메데진시는 지역 차원의 전략 계획에도 상당한 영향을 미치고 있다. 예를 들어, 대도시권 자전거 마스터플랜Metropolitan Master Plan for Cycling은 2030년까지 자전거 교통이 대도시권 전체 교통량의 10%를 담당하도록 만든다는 목표를 설정했다. 이 목표를 달성하기 위해 아부라 계곡 대도시권 지역에 있는 도시들은 2020년까지 100개 이상의 엔시클라 스테이션을 설치하고 3500대의 자전거를 도입할 계획을 수립해 연차별로 계속 추진해왔다. 이 밖에도 필자가 앞서 언급한 것처럼 위성 도시인 이타귀와 엔비가도를 연결해주는 남쪽 회랑에 메트로플러스 3호선이 건설 중이다.

또 메데진시에서 세 번째로 추진되는 '80번가 메트로' 건설 사업이 2022년에 새롭게 시작되었다. 2월 4일 자로 다니엘 퀸테로 시장이 국제 입찰 공고를 내고 현재 사업이 큰 차질 없이 진행 중인 것으로 보인다.

1995년 11월 30일에 처음 메트로 A라인이 개통된 후, 80번가 메트로는 메데진이 포함되어 있는 아부라 계곡에서 가장 크고 중요한 대중교통 프로젝트이다. 이 사업은 도시의 서쪽을 변화시키고 메데진의 32개 바리오에 사는 약 100만 명의 삶에 긍정적인 영향을 미칠 것이다.

코로나19 팬데믹에도 불구하고 2020년부터 본격적으로 사업이 추진되었다. 새로 취임한 퀸테로 시장이 중앙정부와 유기적인 협력관계를 구축하고 국가계획부DNP로부터 사업 승인을 받은 후, 이반 두케Iván Duque 대통령에게 건설 재원을 지원받기로 약속을 받았다. 프로젝트의 총비용은 35억 콜롬비아 페소로 추산되며 이 중 약 70%는 중앙정부가, 나머지는 지자체에서 부담한다.

이 프로젝트의 총연장은 13.5km이며 17개의 정류장이 있다. 카리베Caribe, 플로레스타Floresta, 아구아카탈라Aguacatala 등 3개소에는 메트로 A 및 B라인과 연결된 환승역이 있고, 1개소는 버스 라인 1과 연계된 환승역(라팔마La Palma)을 갖추고 있다. 경전철로 건설되는 이 철도 회랑은 메데진의 서부지역 재생에도 상당히 큰 기여를 할 것으로 예상되며, 도시계획 측면에서도 유의미할 것으로 전망된다.

'80번가 메트로' 프로젝트의 관리자 세르히오 로페즈Sergio López는 메데진시의 교통정책 기조를 이렇게 말한다. "이 도시에서는 자동차보다 보행, 자전거, 대중교통과 같은 대규모 모빌리티 시스템을 우선적으로 배려하는 것이 가장 중요한 원칙입니다. 이런 기조 아래 대중교통 시스템을 강화하고, 다른 한편으로는 차량 사용을 억제하고 교통량을 줄여 배출량을 감소시키는 것을 시에서는 가장 중요한 목표로 설정하고 있습니다." 이런 이야기는 내가 메데진을 방문했을 때 '메트로 데 메데진'에서 트램 사업을 담당하던 최고 책임자 하이메 알베르토 윌체스 예페스Jaime Alberto Wilches Yepes에게서 직접 들은 말이기도 하다.

메데진시는 '80번가 메트로' 노선의 이름을 현재 추진 중인 에코시티의 개념과 연계해 E라인으로 명명할 계획이라고 한다. 이 노선이 완공되면 어떤 환경적 성과를 거둘 수 있을까? 하루에 18만 명에 가까운 승객을 이동시키는, 100% 전기를 동력으로 한 대용량 시스템이기 때문에 연간 약 13만 1754톤의 이산화탄소 배출을 줄일 것으로 예상된다. 또한 2022년 초부터 시작되는 메트로의 건설로 수천 개의 녹색 일자리가 창출될 것으로 전망한다. 건설 중에 약 1500개의 직접 일자리를 창출하고, 수천 개의 간접 일자리를 추가로 만들어 팬데믹 이후의 녹색경제 회복을 위한 하나의 대안이 되리라 보는 것이다.

'80번가 메트로'인 E라인이 5년 후 완전 개통되면 메데진 시민들은 추가 요금 부담 없이도 다양한 교통수단으로 이루어진 복합 대중교통 시스템을 이용할 수 있을 것이다. 시민들은 메트로와 트램, 메트로플러스(BRT)와 메트로케이블(케이블카)은 물론 공공 자전거 엔시클라까지 자유롭게 환승하며 다닐 것이다. 그리되면 메데진은 라틴아메리카에서 가장 완벽한 복합 대중교통 시스템을 가진 도시로 부상하게 된다.

교훈과 과제

메데진은 도시를 획기적으로 변화시키기 위해 지속가능한 이동성 전략을 사용했다. 통합 대중교통 시스템을 구현하고 '피코 이 플라카'와 같은 정책을 수립했으며, '차 없는 날'과 '시클로비아' 같은 이니셔티브를 시도함으로써 교통 혼잡과 대기오염을 줄이는 데 커다란 진전을 이루었다.

통합 대중교통 시스템은 평균 이동시간을 90분에서 30분으로 단축했다. 2011년 라틴아메리카나 자치대학교 연구 그룹 GINVECO의 연구에 따르면, 첫 번째 메트로케이블이 운영된 코무나1 인구의 97%가 삶의 질이 향상되었다고 응답했으며, 시정부의 존재감을 확인했다는 평가는 86%에 달했다. 메데진시에 대한 시민들의 인식이 개선되었음을 알 수 있다. 메트로의 평판 지수가 2009년 이후 92%를 넘어섰고, 지난 10여 년간 시민들은 주당 30시간의 이동시간을 절약했다. 대중교통을 주로 이용하는 빈곤층 90% 이상이 계층1~3 출신이라는 사실을 감안하면 그 효과를 짐작할 수 있다.

또한 메데진시는 지속가능한 이동성 분야에서 가장 혁신적인 공공 행위자 중 하나로 국제사회에 자리매김했다. 메데진은 도시 대중교통 시스템의 일부로 케이블카를 사용한 최초의 도시다. 케이블카 시스템 덕분에 이동성이 증가함에 따라 사회 주택, 학교, 소규모 기업, 공공 장소의 추가 조명, 보행자 다리를 포함한 기타 사회 및 기반시설

에 대한 투자가 이루어지고, 폭력이 만연하던 많은 지역에서 범죄율
이 감소하기에 이르렀다.

이런 다양한 이니셔티브와 정책에 힘입어 메데진은 국제적 인
지도가 올라가고 높은 평가를 받게 되었다. 2012년 메데진의 대중교
통 시스템은 뉴욕에 있는 교통개발정책연구원ITDP으로부터 세계 최
고의 교통 시스템 중 하나로 선정되어 '지속가능한 교통상'을 수상했
다. 또한 대중교통 시스템 개발에 대한 혁신적인 접근 방식을 인정받
아 2016년 '리콴유 세계도시상'을 수상하며 '지속가능한 도시 혁신의
모델'로 선정되기도 했다.

이와 같은 괄목할 만한 성과에도 불구하고 지속가능한 도시 이
동성을 개선하기 위해 메데진시가 앞으로 처리해야 할 과제도 적지
않다.

· 두 차례의 메데진 방문 때 확인했던 것처럼 포블라도Poblado역을
  포함한 일부 메트로 역과 메트로케이블 역사의 과밀 상태를 해결
  하는 대책이 시급해 보인다. 대기오염을 유발하는 오토바이를 전기
  화하는 일도 긴요한 과제이다.
· 교통 혼잡과 그에 따른 대기오염은 전체 교통수단 중 걷기와 자전
  거 타기의 분담률을 높여 해결할 수 있다. 시는 공공 자전거 공유
  시스템을 시작하고 자전거도로를 개발했지만 교통수단 가운데 자
  전거가 차지하는 비율이 여전히 낮다. 이는 도시의 지형적 특성 때
  문이기도 하다. 하지만 도시교통에서 자전거의 분담률을 높이는 일
  은 여전히 가장 중요한 도전 과제로 남아 있다.
· 공공 자전거 공유는 자전거 여행 횟수를 늘리는 가장 유용한 방법

과밀 상태의 아세베도역

가운데 하나이다. 엔시클라 공공 자전거 시스템은 도시의 대중교통 시스템을 보완하는 통합적인 대안으로서 제시된 라틴아메리카 최초의 '보편적 기본교통' 시스템이다. 메데진과 위성도시에 엔시클라 시스템을 적정 수준에서 지속적으로 확대하는 노력은 자전거를 교통수단으로 인식하고 소유하는 과정에서 핵심적인 역할을 할 것으로 보인다. 이 외에도 전기자전거, 전동스쿠터 등 스마트 모빌리티 시스템의 확대 운영도 필요해 보인다.

· 1994년 메트로 데 메데진은 메트로 역 및 노선에 인접한 동네와의 신뢰 관계를 강화하여 아부라 계곡 사람들 사이에 새로운 문화를 만들기 시작했다. 메트로는 그동안 도시의 북쪽과 남쪽을 연결하여 큰 변화를 가져왔다. 현재 추진 중인 '80번가 메트로'가 완공되면 도시 동서축의 지역 주민들과 긴밀한 유대관계를 형성하고, 지속가

능한 이동성 교육과 시민문화 개발에도 적극적으로 나서야 한다.

- 시정부의 과감한 시도가 도시의 이동성을 개선하는 데 긍정적인 영향을 미쳤다. 2011년 지역사회 이니셔티브의 하나로 언덕에 있는 산하비에르의 '인데펜덴시아Independencias' 지역을 통합 대중교통 시스템과 연결하기 위해 6개의 전기 에스컬레이터를 건설했다. 이 프로젝트는 사회적 형평성의 모델이 되고 주민들의 삶의 질을 향상시켰다. 이런 창의적인 사업을 지역 여건에 따라 계속 시도하는 것이 필요하다.

- 협업은 지속가능한 이동성 개입의 전체 효과를 증대시켰다. 지역 및 주 정부와 같은 다양한 행위자와 지속적으로 협력하고, 공동으로 투자하는 노력도 앞으로 계속 확대해나가야 할 것이다.

4

죽은 도시 되살리기 I :
주거, 교육, 공원

가까운 곳에 사는 사람이 즐거워야
먼 곳에 있는 사람도 찾아온다.

— 공자

산토도밍고사비오와 에스파냐 도서관 공원

'메데진의 기적'을 이야기할 때, 외국인들이 흔히 꼽는 명소가 있다. 산토도밍고사비오Santo Domingo Savio라 불리는 이 마을은 메트로케이블 K라인의 종점역이기도 하다. 이곳은 안달루시아 지역(라헤라라 협곡을 두고 민병대들이 싸움을 벌이던 곳으로 참여계획을 통해 '평화의 다리'가 건설되었다)과 함께 한때 마약과 폭력이 판치던 장소로 경찰조차 들어갈 수 없는 치외법권 지대였다. 정치학자 프랜시스 후쿠야마와 세스 콜비는 2011년《포린 폴리시》를 통해 이 마을을 소개한 바 있다.[9]

산토도밍고사비오에는 가슴 아픈 역사가 있다. 불과 3km밖에 떨어지지 않은 곳에 도심지가 있음에도 과거 이 마을은 외부와 단절된 섬과 마찬가지 신세였다. 도심을 오가려면 서로 분쟁 중인 무장단체들이 통제하는 여러 구역을 통과해야 했기 때문이다. 그러던 이곳에 케이블카를 설치하고 메트로와 연결하면서 딴 세상을 만든 것이다.

메트로케이블 K라인(아세베도역~산토도밍고역)의 아이디어는 2001년부터 현실화되기 시작했다. 당시만 해도 세계 어디서든 케이블카는 관광용이거나 겨울철 리조트에서 한정적으로 운행하는 게 일반적이었다. 도시에서 18시간씩 대중교통 수단으로 운행하는 것은 불가능하다고 여겼다. 그러나 메데진시는 세계 최초로 대중교통용 케이블카의 설계·도입에 착수했고, 2004년 8월 운행을 시작했다. 메트로케이블 K라인의 건설은 세계 도시교통 역사상 손꼽히는 획기적 사건으로 남아 있다.

지금은 이곳 주민들이 붉은 벽돌로 치장된 마을에서 비교적 안전하게 생활하고 있다. 500년 전의 스페인 성채와 같은 에스파냐 도

산토도밍고사비오 마을

서관 공원Parque Biblioteca España 옆에서 잡화점을 운영하는 리비아 고메즈Libia Gomez는 이렇게 말한다. "옛날에는 아들이 학교에 걸어 가는 것을 두려워했지만 지금은 자유롭게 걸어갑니다." 이처럼 상황이 좋아진 덕분에 지금은 관광 명소가 되었다. 이곳에 첫발을 내딛을 때는 '아, 내가 지금 부산의 감천문화마을 같은 곳에 왔구나' 했다. 하지만 이런 생각도 잠시였다.

두 지역이 마을을 조성해가는 방식이 근본적으로 다르다는 걸 뒤늦게 깨달은 것이다. 감천문화마을에는 관광객을 위한 전망대나 이벤트 공간은 있지만 주민의 편의를 위한 공공 공간은 거의 찾아볼 수 없다. 반면 산토도밍고사비오에는 에스파냐 도서관 공원은 물론 운동장과 작은 광장, 놀이터, 공공 와이파이 시설 등이 구석구석 잘 갖춰져 있고, 소규모 비즈니스를 위한 세데즈코Cedezco 센터도 마련되어 있다. 관광 명소임에도 관광객보다는 현지 주민을 먼저 고려한 공공 공간의 존재에 나는 적잖은 충격을 받았다.

근자열 원자래近者悅 遠者來. "가까운 곳에 사는 사람이 즐거워야 먼 곳에 있는 사람도 찾아온다"는 《논어》의 가르침에 따른다면 산토도밍고사비오와 감천문화마을 주민 가운데 누가 더 행복할까?

산토도밍고사비오에는 '세계에서 가장 아름다운 55개 공공도서관' 가운데 하나로 선정된 '에스파냐 도서관 공원'이 있다. 스페인 국제개발협력청의 자금 지원을 받아 건설했기에 이름도 에스파냐 도서관 공원으로 지었다.

이 도서관 공원은 주변의 단순한 집들과는 대조적으로 야간에 조명을 받으면 세 개의 돌처럼 빛나는 구조물로 구성돼 있다. 라라데라La Ladera 지역의 '레온 데 그레이프León de Greiff 도서관 공원'―과

에스파냐 도서관 공원

거 교도소가 있던 자리에 들어섰다—을 설계한 콜롬비아 건축가 지
안카를로 마잔티Giancarlo Mazzanti의 작품이다. 도서관의 이상한 창
문들은 안전을 고려해가며 배치하고, 가난한 공동체가 더 크고 더 좋
게 생각할 수 있게 설계했다고 한다. 2008년에 포르투갈의 리스본에
서 개최된 '이베로 아메리칸 건축 및 도시 디자인 비엔날레IAUB: Ibe-
ro-American Architecture and Urban Design Biennial'에서 올해의 최고
건축물상을 받기도 했다.

현대적 디자인의 도서관 공원은 마잔티의 말대로 "이 가난한 공
동체의 사람들을 다른 곳으로 데려가서 그들의 현실을 바꾼 것"으로
평가받는다. 오늘날 '메데진의 기적'을 이끈 세르히오 파하르도 전 시

장의 슬로건에 가장 부합하는 건축물이기도 하다. 그는 한국의 지방 자치단체장들처럼 '가장 기업하기 좋은 도시'라는 말 대신 '가장 교양 있는 도시'를 이야기했다. 그는 '가장 가난한 마을에 가장 아름다운 건축물'을 세웠다. 그런 파하르도를 영국의 《가디언》은 가장 혁신적인 시장 가운데 한 사람으로 꼽았다.

2007년 도서관 공원 개관식이 열리던 날, 식민지 시절에도 방문한 적이 없었다는 스페인 국왕과 왕비가 엄청나게 많은 경호원의 호위를 받으며 참석하자 메데진 시민들도 크게 놀랐다고 한다. 시끌벅적한 개관식을 치른 이곳이 누수와 두 차례의 산사태로 인한 구조적 결함으로 2013년 폐원하자 주민들은 무척 애석했던 모양이다. 지금도 스페인 국왕의 방문을 생생하게 기억하는 주민 도냐 마리아Doña María는 "대단한 광경이었어요. 그때만 해도 우리는 이 아름다운 작품이 이렇게 끝날 거라고는 상상도 못 했어요"라고 말했다. 이후로도 여러 정치적 사정과 논란으로 이곳은 사실상 방치되었다.

파하르도 시장이 재임 중 심혈을 기울여 건설한 도서관 공원은 어째서 이런 운명에 처했을까? 두 명의 후임 시장들이 복구 사업을 미룬 이유는 무엇일까? 그 세세한 내막은 알 수 없다. 2019년 두 차례 이곳을 방문했을 때도 거대한 가림막이 메데진을 상징하는 이 아름다운 건축물을 둘러싸고 있었다. 시민들은 이곳을 메데진의 '아주 불운한 도서관' 또는 '하얀 코끼리'라고 불렀다.

2020년, 퀸테로 시장이 취임하면서 마침내 에스파냐 도서관 공원의 재건과 리모델링 사업이 급물살을 타기 시작했다. 메데진시 인프라 담당 비서관인 나탈리아 우레고Natalia Urrego가 밝힌 복구 계획의 골자는 이렇다. "어린이와 성인을 위한 도서관, 장난감 도서관, 독서실, 훈련공간, 대화형 룸, 컴퓨터실, 영사실, 리허설실 및 집단보급실, 행정실, 그리고 3D 장비를 사용해 새로운 지식을 창출할 수 있는 메이커스페이스Makerspace 등을 다시 만들기로 했습니다. (…) 바람과 자연광을 더 잘 활용해 자원을 절약하면서도 지구를 돌볼 수 있는 형태로 리모델링하기로 했습니다."

이 프로젝트는 3개 동의 건물로 구성된다. 각 건물에는 플랫폼·전망대·경사로·계단 등이 있고, 건축 면적은 종전보다 35% 증가한 5208m²로 공간 활용성이 커지게 되었다. 나아가 주변 조경을 개선하고 부지의 안정성을 위해 1만 235m²의 환경공원을 새로 조성하기로 했다.

에스파냐 도서관 공원은 2023년에 재개장할 예정이다. '사회적 도시계획'을 상징하는 건축물이 문제를 일으키자 파하르도 시장이 임기 내 공사를 서두르다 생긴 사태라는 비판도 한동안 있었다. 또 메데진 시정부가 건축가와 구조설계 검토 회사, 건설회사 및 감리회사를 상대로 건 소송이 아직도 진행 중이다.

이런 엄청난 시행착오로 리모델링에 건설 당시 비용의 두 배가 추가로 필요했기에 총 사업비는 약 500억 콜롬비아 페소에 이르는 것으로 알려졌다. 토건사업은 돌다리를 두드리는 식으로 해야 한다는 뼈아픈 교훈을 메데진시도 확인한 셈이다. 어쨌든 장기간 방치되던 에스파냐 도서관 공원이 재건되어 메데진시 동북지역의 역사적 상처를 치유하는 데 크게 기여하기를 기대해본다.

복원 공사 중인 에스파냐 도서관 공원

도서관 공원과 교육 공원

도서관 공원Parque Biblioteca 프로젝트는 세르히오 파하르도 시장의
대표적인 사업이다. '가장 교양 있는 도시, 메데진'이란 슬로건 아래
추진된 사업으로 가난한 지역사회에 크지 않은 비용으로 교육 서비스
를 제공하고, 공공 공간을 조성하여 주민의 삶의 질을 획기적으로 개
선한 창의적인 프로젝트이다.

　'도서관library'이라는 단어의 어원인 'liber'는 '책'과 '자유'라는

의미를 지닌다. 우리는 시민 각자가 원자화되고 불평등이 만연한 시대에도 시민사회의 기반이 되어주는 공공기관을 수호해야만 하며, 이런 공공기관의 상징이 바로 도서관이다. 도서관은 다양한 배경과 열정, 관심사를 가진 평범한 사람들이 생동감 넘치는 민주주의 문화에 참여할 수 있는 장소 중 하나다. 이런 장소에서라면 공공, 민간, 자선 부문이 협업하여 수익 창출을 넘어서는 무언가를 이룰 수 있다. 뉴욕대학교 사회학과 교수이자 공공지식연구소 소장인 에릭 클라이넨버그는 이렇게 말했다.

> 사회적 인프라는 사회적 자본이 발달할 수 있는지 없는지를 결정짓는 물리적 환경을 지칭한다. 튼튼한 사회적 인프라는 친구나 이웃들이 서로 만나고 지지하며 협력하는 활동을 촉진하는 반면, 낙후한 사회적 인프라는 사회 활동을 저해하고 가족이나 개개인이 자기 스스로를 돌보지 않으면 안 되게끔 만든다. 사회적 인프라의 역할은 가히 결정적이라 할 만큼 중요하다.

이런 사회적 인프라 가운데 대표적인 것이 공공도서관이다. 유네스코에서 평생학습도시로 선정한 메데진시에는 다른 선진국 도시들과는 달리 다양하고 복합적인 기능을 결합한 독특한 도서관이 단지형으로 조성되어 있다.

메데진 도서관 공원의 특징은 무엇일까? 우리가 흔히 생각하는 일반적인 도서관은 아니다. 도서관 공원은 서고, 인터넷 룸, 독서 라운지, 극장, 그리고 야외 오픈 플라자로 이루어진 최첨단 공간으로, 지난 수십 년간 교육 자원이 전무한 채 소외된 지역사회에 세워졌다. 이곳은 지역사회 주민들이 학습과 사회화를 해나가며 조용한 평화의 순간을 찾는 곳으로 모든 사람들에게 개방된 공간이다.

　도서관 공원은 적정한 양의 책을 소장하고 있으며, 연중 지역 주민들에게 공간과 다양한 활동을 제공해주는 커뮤니티 센터로 기능한다. 서비스는 모든 연령층을 대상으로 한다. 대부분의 교육 서비스는 방과 후 학교 시간을 채우고, 대다수 주민을 위한 오락, 훈련 및 커뮤니티 공간을 제공하는 데 맞춰져 있다. 각 도서관 공원마다 하루 평균 1500~2000명의 방문객이 드나든다. 또한 시정부의 여러 부서가 만든 다양한 프로그램을 운영하기 위한 허브 역할도 수행한다.

　현재 조성이 완료된 10개 도서관 공원의 건설 사업은 크게 2단계로 나뉘어 진행되었다. 2005~2008년에 조성한 5개 도서관 공원에는 1860억 콜롬비아 페소를 들였다. 이 중 2개 도서관 공원은 외국에서 지원한 투자기금으로 만들었다. 벨렌Belen 도서관 공원은 일본 정부가, 에스파냐 도서관 공원은 스페인 왕실이 자금을 지원했다. 다른 도서관 공원들은 건설비를 제외하고는 대부분 메데진의 대형 민간기업들로부터 장비를 기증받았다.

　1단계로 조성된 도서관 공원들의 입지는 메데진 시민들의 관심을 끌기에 충분했다. 벨렌 도서관 공원과 라데라Ladera 도서관 공원은 과거의 억압적인 기반시설을 대체해 건설되었다. 정치범을 투옥했던 콜롬비아 연방수사국DAS 감옥이 도서관 공원으로 탈바꿈했다. 그리고 마데라Madera와 산하비에르의 도서관 공원은 전에 갱단들이 마을에서 불법적인 활동을 하기 위해 마련한 빈 부지에 들어섰다. 그런가 하면 산토도밍고의 에스파냐 도서관 공원은 계곡 옆의 고위험 지역에 들어섰다. 산사태의 위험이 커서 약 50가구를 이주시켜야만 하는 땅이었다.

　2009~2011년 사이에 조성된 2단계 도서관 공원 5개는 산크리스토발에 위치한 페르난도 보테로Fernando Botero 도서관 공원을 비롯하여, 코무나6에 자리한 도세데옥투브레Doce de Octubre 도서관 공원, 코무나8과 9에 있는 에스탄시아스Estancias 도서관 공원, 코무나15에 조성된 과야발Guayabal 도서관 공원, 산안토니오데프라도San Antonio de Prado 도서관 공원 등이다.

　이 중 몇 곳만 소개해보기로 한다. 레온 데 그레이프Leon De Greiff 도서관 공원은 에스파냐 도서관 공원을 설계한 지안카를로 마

레온 데 그레이프 도서관 공원

잔티가 메데진에 남긴 두 번째 작품이다. 도시 중심부 동쪽 지역에 있는데, 이 지역은 공식 및 비공식 도시 요소가 혼재되어 있지만 상대적으로 열악한 곳이다. 에스파냐 도서관처럼 3개의 개별 건물로 구성되어 있고, 그중 가장 낮은 곳에 있는 건물에 세데즈코라는 소규모 비즈니스 센터가 들어서 있다. 이 건물은 자연 지형을 활용해 감옥이 있던 자리에 세워졌다.

산하비에르 도서관 공원은 지형을 살려 지그재그 형태로 설계되었고, 낮은 곳에서 접근하거나 메트로 및 메트로케이블 역을 연결하는 다리를 통해 갈 수 있다. 건축물이 자리한 곳이 언덕이기 때문에 아래쪽 거리에서 도서관을 보기는 어렵다. 세데즈코 소규모 비즈니스 센터는 도서관 공원 부지 하단에 있고, 도서관 남동쪽에는 고급학교인 베네딕타 주르 네이덴 학교Colegio Benedikta zur Neiden가 있다.

퀸타나Quintana 도서관 공원은 메데진시 북서쪽에 있다. 이곳은 독특한 주변 지형으로 인해 개천을 따라 자리 잡고 있다. 도서관 아래에는 공원이 있고 위에는 공공 광장이 있다. 도서관의 대부분은 개방형이며, 위에는 2개의 개방형 공공 플랫폼을 갖추고 있다.

페르난도 보테로 도서관 공원은 산크리스토발 지역 서쪽의 도시 외곽에 위치하고 있다. 메데진에서 태어난 세계적인 화가의 이름을 딴 이 건축물 앞에는 보테로의 대형 조각 작품이 자리 잡고 있다. 프로젝트 자체는 길쭉한 바 형태로, 일련의 열린 안뜰이 중앙을 가로질러 절개되도록 설계되었다. 건물이 기둥 등을 올려놓는 플린스plinth 위에 세워져 있어 에스파냐 도서관 공원과 비슷한 존재감을 보인다. 도서관이 추가로 건설되기 전에 열린 공간이었기 때문에 주변 주택 정리가 완전히 이루어지지는 않았다. 산크리스토발에 거주하지 않는

페르난도 보테로 도서관 공원

사람들은 새로운 고속도로를 따라 운행하는 버스 노선을 이용하여 도 서관에 갈 수 있다. 도서관 공원 근처에는 널찍한 주차장도 마련되어 있어 교통 사정도 비교적 좋은 편이다.

대부분의 도서관 공원은 치안 상황이 열악하고 불법적인 활동이 벌어지던 공간을 주로 활용했다. 예전에는 주민들이 에스파냐 도서관 공원에 들어가기 전에 분수가 있는 소공원을 지나야 했다고 한다. 이 구역은 코무나2의 지역 주민들이 시체를 발견하는가 하면 살인이 자 행된 장소로 기억되던 공간이다. 한 지역 주민은 아이들이 놀고 있는 공원을 가리키며 "이 동네에는 폭력이 너무 많았고, 죽음도 많았죠. (⋯) 그곳은 위험한 구멍이었습니다"라고 했다. "만약 이 공원이 직접 말을 할 수 있다면 정말 끔찍한 이야기를 많이 할걸요"라고도 했다.

메데진시의 새로운 정책과 프로그램은 그 전략적 위치 때문에 이런 도서관 공원에서 주로 시작되었다. 지방자치단체의 유익한 프로그램들이 소외된 공동체와 유기적인 연결 고리를 만들어가면서 해당 지역의 치안 상황도 호전되고, 주민들의 사회적 관계도 긍정적으로 변해갔다. 그러면서 점차 도서관 공원이 지역사회에 뿌리내리게 되었다. 도서관 공원이 메데진과 콜롬비아 전역에서 높은 평가를 받자, 이 사업을 시작한 세르히오 파하르도는 안티오키아 주지사 재임 시절 주내 일부 지역에서도 학습 중심 인프라의 하나로 '교육 공원Parque Educativo'—2021년 1월 현재 13개가 조성되어 있다—이라는 공공 시설을 세우는 사업을 확대해나갔다.

도서관 공원은 이전에 정부의 영구적인 건축물이 없던 지역에까지 국가권력이 확대되는 결과를 가져왔다. 새로운 영구적 존재가 공격적이지도 억압적이지도 않았기 때문이다. 이런 건물들이 만들어내는 도시 이미지는 국제개발은행IDB 콘퍼런스 같은 도시 규모의 중요한 행사를 개최하기에 유리한 환경을 만들어주었다. 이런 행사는 소외된 지역을 도시의 생산적인 활동에 통합시키고, 지역 주민들의 자긍심을 제고하는 데도 큰 도움을 줬다.

도서관 공원은 국가 및 불법단체가 자행한 폭력 또는 억압 때문에 부정적인 지역으로 인식되던 곳을 공격적이지 않고 포용적인 공공 공간과 건물로 대체했다. 도서관 공원에는 방과 후에도 계속되는 프로그램으로 사람들이 지속적으로 유입되었고, 그로 인해 이곳은 안전한 공간으로 여겨지게 되었으며, 주변 지역에 활발한 거리 및 공공 공간이 유지되기에 이르렀다. 물리적 공간으로서의 도서관 공원은 중앙 정부와 지자체의 프로그램과 정책 구현을 통해 지역사회에 이익이 되었고, 이것이 마을에서 국가의 권위를 정당화하는 주요한 메커니즘으로 작용한 것이다.

생명의 꽃이 핀 모라비아

메데진시 중북부에는 시외버스 터미널이 있고, 그 옆의 메데진강을 건너면 모라비아 언덕Moravia Hills이 있다. 이곳에는 내전을 피해 이주한 실향민들과 농촌지역에서 밀려온 빈민들이 쓰레기를 주워 생계를 유지하던 쓰레기 투기장이 있었다. 1980년대까지 2000동이 채 되지 않는 집에서 약 1만 7000명이 거주했던 것으로 전해진다. 메데진 시청에서 쓰레기 투기를 금지한 후에도 환경은 전혀 나아지지 않았다고 한다.

해방신학을 공부한 신부가 주축이 된 모라비아 지역의 지도자들과 5년간 지루한 협상을 벌인 끝에, 2006년부터 본격적으로 '생명의 꽃이 핀 모라비아'란 이름의 도시재생 프로젝트가 추진되었다. 나도 2019년 4월에 이곳을 방문했는데, 여기에는 현재 47종에 5만 그루가 넘는 꽃과 식물이 심어진 커뮤니티 가든이 조성되어 있다.

쓰레기 산을 식물 천국으로 바꾼 환경적 복원 외에도 모라비아 마을에서는 주민참여에 토대를 두고 다양한 방식의 사회·문화·경제적 재생사업이 이루어졌다. 건축가 로젤리오 살모나Rogelio Salmona(보고타시의 가브리엘 가르시아 마르케스 문화개발센터Gabriel García Márquez Cultural Development Center설계자)가 설계한 모라비아 문화개발센터 Moravia Cultural Development Center는 음악, 예술 및 문화 활동을 위한 공간이다. 이 센터는 300석 규모의 강당, 30개의 간이 리허설 공

모라비아 언덕

간, 3개의 다목적 룸, 전시실, 안마당 등을 갖추고 있다.

　이 문화센터는 개관 1년 전에 타계한 로젤리오 살모나의 마지막 프로젝트이기도 하다. 후안 보보Juan Bobo의 주택들과 마찬가지로 지역 벽돌로 지어졌으며, 교차하는 기하학적 모양을 즐겨 사용하던 살모나 건축 스타일의 전형을 보여준다. 이 건물은 '사회적 도시계획'의 다른 프로젝트처럼 높은 국제적 인지도를 얻지는 못한 반면, 현지인 사이에선 문화센터를 더 중요한 건축적 성과로 인정하는 분위기다. 내 눈에도 이 문화센터는 대부분 40세 미만의 젊은 건축가들이 '사회적 도시계획'에 기반을 두고 설계했다는 다른 건축물보다 더 완숙미를 갖춘 것으로 보인다.

영국 BBC에서도 모라비아 언덕을 상세히 소개한 바 있다. 1980년대 중반까지 쓰레기 매립장이었던 곳을 완전히 재생시킨 모라비아 마을은 지금도 국제사회로부터 많은 주목을 받고 있고, 현지인과 외국 기관 사이의 협력 관계 또한 긴밀히 유지되고 있다.

2013년에 모라비아를 처음 방문했던 막시밀리안 베커Maximilian Becker는 이곳에서 깊은 영감을 받아 2016년 메데진과 베를린 사이

모라비아 문화개발센터

에 가교 역할을 하는 '어반랩Urban Lab 메데진/베를린'을 운영하고 있다. 이 조직은 주민, 학생, 건축가, 지방정부 및 기타 도시 행위자들을 한데 모아서 생각하고 행동하는 싱크탱크이다. 여기에서는 기반시설 개선과 문화 개발 등 모라비아 마을에 필요한 아이디어를 직접 만들고 실천하는 활동을 펼치는 것으로 알려져 있다. 예를 들면, 태양열 발전 시설이 완비된 야외 거리 예술 갤러리 설치, 대나무로 만든 야외 워크숍 공간 조성, 커뮤니티 가든 꾸미기, 모라비아 주민들의 비전을 묘사한 모자이크 예술 작품 만들기 등을 추진해왔다. 또 이 랩에서는 다양한 강의, 요리 수업, 댄스 이벤트 등을 실시한다고 한다.

후안 보보 개울의 주거지 재생

코무나2의 안달루시아 상업 중심지와 메트로케이블 K라인 노선에서 약 100m 떨어진 곳에 후안 보보 개울Juan Bobo Creek이 있다. 개울 가장자리에 무허가 주택들이 들어서 있어 환경적·사회적으로 취약한 상태였다. 오염된 물이 메데진강 하류로 흘러들고, 주택 위치에 따라 주민들이 침수 위험에 항시 노출된 채 살던 곳이다.

후안 보보 '통합 슬럼 개선사업MIB: Integral Slum Improvement'은 약 400만 달러를 들여 후안 보보 개울을 따라 들어선 주거지를 재생한 사업으로, 2004년부터 2008년까지 도시개발공사EDU가 직접 설계, 조정, 집행한 도시재개발 사업이다. 대상이 된 토지의 면적은 1.75헥타르, 인구는 1353명(300가구)이었다.

주택, 공공 공간, 도시 서비스, 환경 및 자연재해 문제에 종합적으로 대처하고, 침식과 오염으로부터 소하천을 보호하기 위해 수로화를 병행해 추진했다. 불안정한 가옥은 개울의 완충지대에서 제거하여 5~11층으로 이전시켰고, 주변 지역 접근성을 높이기 위해 계단·교량과 녹색 공공 공간 등이 추가 배치되었다.

후안 보보 프로젝트는 지역 주민들로부터 긍정적인 평가를 받았고, 국제사회에서도 성공 사례로 알려져 있다. 주택의 양과 질을 획기적으로 증가시키고, 주택 보유율을 6%에서 85%로 늘렸으며, 모든 사람이 수도, 전기 및 하수 처리를 합법적으로 이용할 수 있도록 만들었다. 이전에는 거주민의 절반만이 수도를 합법적으로 사용했고, 전기는 주민 중 3분의 1만 이용했으며, 하수 처리 서비스는 아무도 받지 못하던 곳이었다.

이 프로젝트를 추진하기 위해 별도의 팀을 구성했다. 세르히오 파하르도 시장이 도시개발공사의 대표로 사회적 도시계획의 총괄기획가인 알레한드로 에체베리를 임명했고, 그가 메데진의 주요 빈민가 재개발 사업을 하던 카를로스 몬토야Carlos Montoya를 '통합 슬럼 개선사업'의 총괄책임자로 선임했다. 그는 앞서 언급한 바 있는 모라비아 재건 프로젝트에 참여했던 전문가였다. 도시 재개발 프로젝트를 실현하는 두 가지 모드(과정, 계획)를 모두 현장에서 체득했고, 각 학제 및 기관은 물론 주민과의 협력을 통해 프로젝트를 탁월하게 수행하는 인물이다.

몬토야가 후안 보보 개울 일대에서 단계별로 '통합 슬럼 개선사업'을 추진한 내용은 대략 이렇다.

1. 처음 2개월 동안 후안 보보의 모든 가구를 매일 방문하며 지역을 둘러보고 주민과의 일상적인 대화, 도로 측정 및 토양 샘플 채취 등

을 시작하면서 신뢰 관계를 구축하고 사회적 학습도 실시했다.

2. 초기에 '상상 워크숍'을 추진하며 주민과 세세한 내용까지 합의하
도록 애썼다.

3. 계획안에 대한 주민 설명회를 개최하고, 주민위원회(위험 예방, 환경
및 어린이)를 조직해줄 것을 요청하는 한편, 보조금 신청 제도 등 다
양한 지원 시스템을 구축해나갔다.

4. 건설 및 재정착, 그리고 평가 이후에 필요한 보완 대책 마련도 병행
해 추진했다.

이 사업의 전 과정이 주민참여와 협치 시스템을 기반으로 이루
어졌다는 점은 라틴아메리카의 일반적인 도시에서는 보기 어려운 것
이었다. 후안 보보의 '통합 슬럼 개선사업'은 '사회적 도시계획'에 기반
을 둔 세계에서 가장 성공적인 도시 재개발 프로젝트 중 하나로 널리
알려졌다. 그 덕에 유엔 인간정주계획이 수여하는 두바이 국제 모범사
례상Dubai International Award for Best Practices을 수상하기도 했다.

그로 인해 메데진시에서는 2010년부터 라틴아메리카 연수생을
대상으로 도시계획 및 토지 재조정에 대한 교육과정을 제공할 때 '통
합 슬럼 개선사업'의 개념과 구상을 다른 나라와 공유하고, 현장 방문
기회도 제공했다. 또 일본의 오비히로帶廣에서 열린 일본 국제협력기
구JICA 도시개발 교육 프로그램을 통해 세계 전역에서 온 참가자들에
게 이 사업을 홍보했다.

하지만 이 사업에도 적지 않은 문제가 있었다고 관계자들이 증
언한다. 주민들 사이에 긴장도 있었고, 많은 주민들이 가족 및 이웃과
의 사회적 유대가 약화되었다고 말하기도 한다. 재산권 문제가 발생

평화의 다리

한 경우도 있었고, 고지대 커뮤니티에서는 아직 하수도가 없고 하천에 쓰레기를 투기하고 있어 사업지역을 흐르는 하천의 악취 문제가 아직 남아 있다는 얘기도 들려온다. 이런 문제가 있다 하더라도 후안 보보 '통합 슬럼 개선사업'은 메데진시에서 그동안 추진한 사업 중에서도 대단히 획기적인 프로젝트인 것만은 분명해 보인다.

후안 보보 외에도 메데진시에서는 에레라Herrera, 산토도밍고, 크루즈Cruz 및 온다Onda 등 여러 지역에서 '통합 슬럼 개선사업'이 진행되었다. 새로운 부지에서 사용된 방법은 후안 보보의 경우와는 상당히 달랐던 것으로 보고되고 있다. 제도적으로 '종합적인 동네 개선 프로그램PMIB: Programa de Mejoramiento Integral de Barrios'의 운영 주체는 도시개발공사에서 주택 및 정착지 연구소ISVIMED: Instituto de Vivienda y Habitat로 이전되었다. 후자의 기관에서는 신규 주택 및 유틸리티 건설에 중점을 두고 있어, 후안 보보 프로젝트에서 그동안 역점을 기울였던 사회적 구성 요소와 공공 공간 창출은 이제 덜 강조되고 있다고 한다. 현재 '사회적 도시계획'에 근간을 둔 도시정책이 시장이 바뀌며 변화되었다는 사실을 염두에 두고 본다면 자연스러운 현상이기도 하다.

맨발의 공원

뉴욕과 텔아비브를 제치고 세계에서 가장 혁신적인 도시로 선정된 메데진에는 상당히 다양한 형태의 공원이 있다. 메데진 시민들이 공원

맨발의 공원

을 찾는 이유는 크게 네 가지로 나뉜다고 한다.

아르비 공원Parque Arví을 비롯한 생태·환경적으로 중요한 공원은 산책하기 위해 찾는다. 예술, 역사, 대중문화 등을 배우기 위해서는 볼리바르 공원Parque Bolívar을 간다. 그리고 축제를 보고 밤중에 가볍게 술을 마시기 위해서는 포블라도 공원Parque Poblado ─ 포블라도 지역은 메데진의 강남과 같은 곳이다 ─ 을 즐겨 찾는다. 이 밖에 휴식과 기분 전환을 위해 메데진 시민들은 '맨발의 공원Parque de Los Pies Descalzos'을 자주 방문한다.

맨발의 공원에는 신발을 벗을 장소가 여러 곳 있다. 해변에 있는 느낌을 주기 위해 모래로 가득 찬 공간이 두 군데 있고, 족욕탕과 분수도 갖춰져 있다. 피크닉하기에 좋은 대나무 정원과 잔디밭이 있고, 맨발로 즐길 만한 다양한 놀이 시설도 있다. 개발 이전에는 공산품 저장 창고와 불모지였던 곳을 도시재생 방식으로 되살려낸 공원이다. 시청과 안티오키아 주정부 청사, 컨벤션센터와 메트로폴리탄 극장Teatro Metropolitano이 있는 도시의 행정 중심지에 자리하고 있는데, 주위를 물, 에너지, 가스 및 통신 서비스를 제공하는 공기업인 EP-MEmpresas Públicas de Medellín 빌딩이 둘러싸고 있다. 그 덕분에 맨발의 공원은 지역의 TV 쇼와 야외 콘서트 무대로 활용되고, 메데진의 관광 명소로도 유명하다.

한국에서는 맨발의 공원이 산속에 있는 것이 일반적인데, 여기는 어떻게 도시 한복판에 있을까? 시민들의 휴식과 기분 전환을 위해 땅값이 비싼 도시 중심부에, 그것도 도시재생 방식으로 만들어냈다는 사실이 그저 놀랍기만 하다.

모든 시민을 포용하는 다양한 도시공원

유엔을 비롯한 국제사회에서는 최근 들어 '도시에 대한 권리', 즉 도시권을 중요하게 생각한다. 모든 도시 거주자들이 도시 생활을 온전히 누릴 기회에 접근하도록 한다는 것이다. 이 말을 처음 제창한 사회학자 앙리 르페브르는 "도시 거주자는 국가 단위의 멤버십인 국적에 기초한 권리와 무관하게, 자신이 살고 있는 도시에 대한 권리를 가지고 있다"고 말했다. 우리 사회는 도시 안에서 이런 권리를 모두가 균등하게 누릴 수 있는 시스템을 가지고 있는 것일까?

메데진시를 살펴보다 재미난 공원이 도심 한복판에 있다는 사실을 뒤늦게 알았다. 20세기 중반부터 오늘날까지 베리오 공원Parque Berrío은 장터, 일자리 시장, 공연 및 만남의 장소, 그리고 정치 집회, 청원, 항의의 장소로 기능하고 있다.[10] 무엇보다 중요한 것은 우정과 연대감을 얻고, 경제적 기회를 발견하거나 창출하기 위해 다수의 '국내 실향민IDP: internally displaced person'*이 이 공원을 찾는다는 점이다. '베리오 공원 대중음악가 협회Asociación de músicos populares de Parque Berrío'가 2010년에 실시한 한 연구 결과를 보면, 공원에 있는 음악가, 구두닦이와 노점상인 ― 블랙커피tinto와 과일 등을 판매하고, 1분 단위로 통화 요금을 받고 빌려주는 공중전화(미누토스Minutos) 임대업에 종사 ― 의 대부분은 난민으로 '국내 실향민'이라고 한다. 이들

---

* '국내 실향민'이란 난민과 유사하게, 인도주의적 긴급 지원과 사회 지원을 받기 위해 도시로 온 사람을 의미한다. 대부분이 경제적 기회를 찾아 시골에서 왔거나 폭력이나 살인 등을 피해 피난 온 사람들이다.

중 상당수는 도시에서 경제적 기회를 얻기 위해 공원을 계속 찾는 것으로 알려져 있다.

이 공원에서 가장 인기 있는 것 중 하나는 콜롬비아 민속음악 공연이다. 40년이 넘는 세월 동안 콜롬비아 시골 출신 음악가들이 베리오 공원에 모여들어 자발적으로 앙상블을 만들고 연주를 했다. 지난 20년 동안에는 이들 음악가 대부분이 '국내 실향민'이었다. 공원에서 들려오는 음악 중 가장 흔한 것은 파란데라parrandera, 란체라ranchera, 파시오pasillo, 볼레로bolero 및 트로바trova*였으며, 전통 농부 옷을 입고 연주하는 이들도 있었다. 시골의 정서를 지역 주민과 관광객이 함께 나누고, 공연 도중 청중이 춤을 추고 노래하면서 분위기가 달아오르기도 한다.

이곳에서 음악가들이 벌이는 경제 활동이 공식적으로 인정받는 데 도움을 주기 위해 2008년 '베리오 공원 대중음악가 협회'가 출범했다. 음악가들은 공원에서 경제 활동을 하는 데 필요한 공인 신분증을 협회를 통해 메데진 시정부로부터 받고, 협회는 공연 일정 등을 조율한다. 또한 협회는 음악가들 간의 다툼을 막고, 공원에서 술 마시고 싸우는 일이 벌어지지 않도록 하며, 음악가들이 각자의 능력을 최대한 발휘하도록 균등한 기회를 제공한다. 많은 음악가들이 난민이나 다름없는 '국내 실향민'으로 이미 폭력을 경험했거나 직계 가족의 살인을 자신의 출신 지역에서 목격했기 때문에 그들은 가족 구성원처럼

---

* 파란데라는 원주민, 유럽인과 아프리카인이 이주와 교류를 하는 과정에서 탄생한 코스타리카 음악이며, 란체라는 멕시코의 전통 음악이다. 파시오는 그란콜롬비아 영토에서 아주 인기 있는 콜롬비아 음악이며, 볼레로는 느린 템포의 라틴 음악, 트로바는 쿠바 음악에서 갈라져 나온 장르이다.

서로 유대감을 형성하려고 애쓰고 있다.

베리오 공원에는 형제애 또는 우정hermandad이 상존하는 것 같다. 현재 63개의 그룹이 협회에 등록되어 있으며, 그중 18개 그룹이 공원에서 정기적으로 공연을 한다. 베리오 공원은 '국내 실향민'까지 끌어안는 명실상부한 포용 공간으로 자리 잡고 있는 것이다. 이런 작은 노력들 덕에 국제사회가 이 도시를 포용도시로 인정하고, 유네스코에서 음악 분야의 창의도시로 선정한 것은 아닐까 하는 생각이 든다.

아르비 생태공원과 식물원

지금까지 언급한 근린공원 형태의 도시공원과는 달리 아르비 공원 Parque Arví은 인기 있는 관광 명소이자 대규모 생태자연보호구역이다. 아르비 공원은 메데진의 산타엘레나Santa Elena 코레히미엔토에 있다. 총 면적이 1만 6000헥타르인 이곳은 숲과 식물 생태계가 있는 거대한 공원으로 그중 1760헥타르는 천연림 상태로 보존되어 있고, 탐방객이 걸을 수 있는 트레일도 87km나 된다. 메데진 시민들에게 가장 인기 있는 생태체험 장소인 이곳에는 매년 100만 명 내외의 사람들이 방문한다.

이곳은 1541년 마리스칼 호르헤 로블레도Mariscal Jorge Robledo가 처음 발견했지만, 약 450년 동안 파이사Paisa 지역 사람들에게는 잊힌 공간이었다고 한다. 아부라 계곡에 급속한 도시화 바람이 불었지만, 다행히 접근성이 나쁜 탓에 아르비 생태공원은 최근까지 큰 손상을 입지 않았다. 그러던 공원이 안티오키아의 여러 회사들(EPM, 메데진 메트로, 콤페날코Comfenalco 등)의 노력 덕분에 2008년에 완전히

아르비 생태공원

새로운 모습으로 개장하게 되었다. 게다가 2010년에는 아르비 공원 까지 가는 메트로케이블 L라인(관광 노선)이 개통되어 접근성이 획기 적으로 개선되었다.

아르비 공원은 실제로는, 추가로 조성된 생태보전구역과 안티오 키아 기술센터가 자리하고 있는 공원을 포함해 5개의 공원으로 구성 되어 있다. 공원은 메데진 외에도 엔비가도 등 여러 지방자치단체의 구역에 걸쳐 있다. 여기에는 70종 이상의 새, 72종의 나비, 19종의 포 유류가 서식한다고 한다. 또한 여러 종의 난초를 비롯해 수많은 꽃을 볼 수 있다.

아르비 공원에는 오래된 건물, 수도 시설, 플랫폼, 도로, 정원 및 도랑 등 스페인 식민지 이전에 건축된 역사적인 문화유산들도 많이 있다. 또 수백 년 전에 돌로 만든 트레일 흔적이 많이 보존되어 있고, 일부는 보존 상태가 매우 양호하다. 아르비 생태공원은 생물다양성의 보고이자, 수많은 문화유산이 보존된 야외 박물관이기도 하다.

공원으로 가는 메트로케이블 L라인의 종점인 아르비역 앞에서는 지역 농민과 상인들이 지역 농산물, 케이크, 커피, 보석, 의류, 공예품 및 기타 기념품 등을 판매한다. 공원에서는 하이킹과 피크닉, 캠핑, 승마와 자전거 타기를 즐길 수 있고, 공원 내에서 각종 행사를 주관하는 환경·문화센터를 방문할 수도 있다. 생태공원인 피에드라스 블랑카스 공원Parque Piedras Blancas에서는 하이킹이나 산책로 걷기, 보트 타기 등 다양한 생태체험을 해볼 수도 있다. 1만 5000종 이상의 곤충 표본이 전시된 '곤충 박물관Museo Entomológico'과 20종을 보유한 나비 농장을 관람·견학하면서 환경교육도 받을 수 있다. 이런 복합적인 매력 덕에 외국인 관광객도 필수적으로 찾는 관광지가 되었다.

이 밖에도 메데진에는 '하르딘 보타니코Jardín Botánico'라는 식물원이 도심부에 자리하고 있다. 이 식물원의 역사는 메데진 인구가 약 4만 명이었던 19세기로 거슬러 올라간다. 이때는 식물원 자리에 카사 데 바뇨스 엘 에덴Casa de Baños el Edén이라는 저택과 패밀리 레스토랑이 있었다고 한다. 이후 20세기 초에 메데진시에서 부지를 인수하면서 '독립 100주년 숲Bosque Centenario de la Independencia'으로 개명했고, 나중에 다시 엘 보스케El Bosque라고 바꾸어 50년 동안 불렸다. 그러다 1972년 '호아킨 안토니오 우리베* 메데진 식물원 Jardín Botánico de Medellín Joaquín Antonio Uribe'으로 다시 변경되었다. 지금 이 식물원은 콜롬비아 식물의 탐사 및 보존 분야에서 가장

---

* 호아킨 안토니오 우리베Joaquín Antonio Uribe(1858~1935)는 안티오키아 지방의 자연 교육에 헌신한 박물학자로, 오늘날에도 존경과 사랑을 받고 있다.

중요한 기관 중 하나로 평가받아 시민들에게 사랑받는 공간이 되었고, 1985년에는 메데진의 문화유산으로 지정되었다.

약 14헥타르의 부지에 조성된 '하르딘 보타니코'는 크게 6개 구역으로 나뉘는데, 식물원에 입장(무료)할 때 지도를 통해 구역별 특징을 확인할 수 있다. 약 1000종 이상의 식물을 보유하고 있는 6개 구역을 간단히 소개하면 다음과 같다.

1. 열대림: 캐노피 또는 지붕으로 덮인 이 구역은 덤불 및 바닥 식물이 다양하게 분포하는 열대숲 생태계를 갖추고 있다.
2. 프란시스코 호세 데 칼다스 호수Francisco José de Caldas Lake: 습지의 자연 생태계를 갖춘 이곳은 다양한 동물 종의 영구 서식지이자 다른 동물들의 통행 장소 역할을 한다.
3. 사막 정원: 비가 거의 내리지 않는 지역, 사막 및 반사막의 식물이 사는 건조한 생태계이다.
4. 오르키데오라마 정원Garden of the Orquideorama: 이 건축물의 지붕 아래와 그 주변에는 난초, 육생식물, 양치류 같은 여러 컬렉션이 전시된다. 난초 가든Orchid Garden 내부에는 작은 호수가 있다.
5. 나비의 집: 나비는 식물 종과 생물학적으로 상호작용을 한다. 나비가 서식하는 밀폐된 공간에는 열대우림에서 자생하는 허브, 나무, 관목 등이 심어져 있다.
6. 야자수 정원: 야자수의 아름다움을 강조하기 위해 작은 언덕이 있다. 콜롬비아는 아메리카 대륙에서 야자수가 가장 많은 나라이자 세계에서 두 번째로 많은 나라이다. 식물원의 컬렉션에는 총 120종이 있다.

식물원 구내에는 '인 시투In Situ'라는 야외 식당과 2개의 카페가 있다. '인 시투'는 메데진 시민에게 가장 사랑받는 식당 중 하나로 좋은 음식과 서비스, 멋진 분위기를 제공하기에 데이트 장소로 인기가 많다. 숲속에서 다양한 요리와 와인 등을 즐길 수 있어 항상 손님으로 북적인다.

이 식물원에서는 매년 8월 꽃 축제 기간에 난초와 꽃 그리고 공예품 전시회가 대규모로 열린다. 약 180개의 수공예품 판매대가 설치되고, 난초, 꽃, 식물 판매구역이 운영된다. 전시회 기간에 약 12만 명의 사람들이 '하르딘 보타니코'를 방문하고, 그로 인해 화훼산업과 관광업 종사자들이 큰 혜택을 누린다고 한다.

꽃다발 모양의 캐노피형 건축물 오르키데오라마

'하르딘 보타니코'를 상징하는 꽃다발 모양의 캐노피형 건축물 오르키데오라마에서는 대규모 야외 행사와 공연이 연중 열리고 있다. 2019년 세계시장포럼 기간에 나도 여러 나라 대표단과 함께 이곳에서 열린 만찬 행사에 참가하여 공연을 즐기기도 했다. 여기서는 매년 9월 '책과 문화 축제'가 열리고, 시민들이 요가를 비롯한 다양한 활동을 벌이기도 한다. 이렇게 다양한 볼거리와 즐길 거리를 제공하는 식물원은 앞서 소개한 '아르비 생태공원'과 함께 메데진에서 환경적으로 가장 중요한 핵심 공간이다.

통합 도시 프로젝트PUI

오늘날 메데진의 변화를 가져온 주요 전략은 물리적 도시 프로젝트를 통해 도시를 사회적으로나 물리적으로 개선하는 것이었다. 이런 기반시설 전략 중 가장 중요한 것이 '통합 도시 프로젝트PUI: Proyecto Urbano Integral'이다. PUI는 도서관, 학교, 교통, 공공 장소, 주택 및 환경 개선과 같은 다양한 물리적 이니셔티브를 결합한다. 시정부에서는 도시의 가장 소외된 지역에 짧은 기간에 건물을 지었다. 개입은 두 가지 중요한 문제, 즉 ① 가난한 사람들에 대한 도시의 '사회적 부채'인 사회적 불평등, ② 모든 사회 계층에 뿌리박힌 '폭력'을 해결하는 데 역점을 두었다. 국가에서 지난 60년 동안 이 지역에 많은 투자를 하지 않았기 때문에 이 문제가 매우 중요했다.

PUI는 두 가지 개입 영역으로 구성된다. 첫째, 도시개발공사를 통한 기관 간 조정이 이루어지면서 유관기관 사이에 공조체제가 구축된다. 둘째, 공청회와 상상력 워크숍 등을 통한 지역사회 참여가 이루어진다. 라틴아메리카의 모든 도시 업그레이드 프로젝트 중에서 메데진의 PUI는 소외된 지역사회에서 성공한 드문 사례이다. PUI 프로젝트는 메데진의 물리적 환경 개선 사업 중에서 가장 성공한 사례 가운데 하나로 평가된다.

콜로라도 대학의 환경 디자인 프로그램 교수인 호타 샘퍼Jota Samper는 PUI를 이렇게 평가한다. "오늘날까지 4개의 PUI(코무나1의 산토도밍고사비오, 코무나13의 인데펜덴시아 지역 외 2개 PUI 포함)는 비공식 정착촌을 다루는 대표적인 모델이 되었으며, 프로젝트 현장은 도시의 비공식 문제를 다루는 학자와 실무자, 그리고 이런 독특한 공간을 보기 위해 찾아오는 관광객 모두에게 명소이다."

앞서 언급한 산하비에르(코무나13)의 면적은 450헥타르, 인구는 14만 5000명이다. 이 구역의 약 60%가 비공식적인 도시화로 건설되었다. 자연자원의 훼손, 열악한 이동성 여건, 공공장소 및 시설의 부재, 빈곤 등이 일상화된 채, 정부기관의 제도적 개입이 거의 없었다. 무엇보다 이 지역의 가장 큰 특징은 폭력이다. 2003년에서 2012년 사이에 1200건 이상의 살인이 발생했으며, 2010년 살인율은 인구 10만 명당 172.5건에 이르렀다. 코무나13은 도시에서 가장 소외된 지역 중 하나가 되었다. 기반시설의 부족과 불안, 거기에 폭력까지, 이 세 가지는 2007~2012년에 코무나13에서 PUI를 시행한 직접적인 요인이었다.

PUI는 세 가지 영역의 활동을 통해 계획지구의 물리적·사회적·제도적 문제를 동시에 해결하는 전략이다.

1. 물리적 공간: 인간 및 사회적 상호작용을 개선하기 위한 공공 장소

확충, 프로그램 및 공공 정책의 적용 범위를 확대하기 위한 새로운 시설 조성, 사회적 통합 및 거주자와 자원에 대한 자유로운 접근을 촉진하기 위한 보행자 및 차량 이동성 개선 등을 추진했다.

2. 사회적 이니셔티브: 지역사회 조직의 훈련 및 프로젝트의 구상, 개발 및 건설에 대한 지역 주민의 참여를 핵심으로 하는 사회사업은 정부에 대한 신뢰를 높이고 공공 이니셔티브에 대한 무관심과 사회적 저항을 줄였다.

3. 기관 조정: 기관들 사이에 조정된 조치를 통해 기술 및 자원 이용을 최적화하고, 여러 공공기관이 동시에 사업을 실행할 수 있도록 했다. 또한 도시 관리를 보다 효율적으로 하고, 지역과 국가 이미지를 향상시키는 데 기여했다.

코무나13의 PUI는 5년에 걸쳐 3500만 달러를 투자하여 8개의 공원, 4개의 커뮤니티 센터, 2개의 스포츠 시설, 5개의 자동차 도로 및 2개의 보행자 도로 등을 조성했다. 특히 중요한 프로젝트는 경사진 고지대의 이동성 문제를 해결하기 위해 공공 에스컬레이터 시스템을 구축하는 것이었다. 11만 m² 이상의 면적에 걸쳐 시행된 PUI는 2341개의 일자리를 창출했고, 도시개발공사가 수행한 1만 3965개의 공공 참여 활동에 총 17만 1491명의 주민이 참여했다. 그리고 PUI는 기후변화의 영향에 취약해 산사태에 노출되기 쉬운 급경사면의 위험 조건을 획기적으로 줄였다. 이 프로젝트는 지진 저항 분석을 포함하는 등 건물 및 안전 규정을 준수하도록 설계되었다. 또 옹벽, 수로 및 하수 시스템 같은 구조적 요소를 보강하여 토양을 안정화하고 추가 산사태를 예방했으며, 혹독한 날씨로 인한 주택의 취약성을 줄였다.

PUI의 새로운 공간 조건은 문화 및 경제 발전의 기회를 창출했다. 이런 개발의 기본은 에스컬레이터 개발에서 보았듯이 지역사회가 적극적으로 참여하는 데 있다. 이동성을 위한 해결책을 제공하는 것 외에도 이 프로젝트는 지역사회의 사회적·경제적 발전을 위한 촉매제 역할을 했다. 에스컬레이터 프로젝트는 전 세계 방문객을 끌어들였다. 그에 이어 관광객은 에스컬레이터가 더 눈에 띄도록 만든 현지 주민의 새로운 도시 예술urban art 표현을 배우는 데 관심을 갖게 되었다. 방문객이 끊이지 않았고 그들이 가져오는 경제적 자원은 빈곤한 지역사회에 경제 성장의 기회가 되었다. 지역 기업가들은 기념품, 전통 음식 또는 음료를 판매하는 소규모 상점을 운영하고 그래피투어 Graffitour라는 새로운 문화·예술 서비스를 제공하면서 지역경제 기반을 다양하게 다져가고 있다.

　　산하비에르에 체류하는 동안 방문객은 '도시 예술'을 통해 코무나13 주민들의 회복력과 희망의 역사를 배우고 있다. 이런 방문은 에스컬레이터 주변의 새로운 광장, 산책로, 옹벽 및 파사드를 미술관과 만남의 장소로 개조한 지역 청소년 그룹이 조직하고 안내한다. 지역 예술가 그룹은 벽화, 음악, 춤을 통해 빈곤, 폭력, 신체적 변화, 사회적 재탄생에 대한 이야기를 하고 있는 것이다.

　　산하비에르 통합 도시 프로젝트의 중요한 교훈은 국가가 주도하는 위험 기반시설 프로젝트와 지역사회가 주도하는 문화 프로젝트 간의 체계적인 연계가 시너지 효과를 키운다는 것을 보여줬다는 점이다. 지역사회의 폭력에 대한 주민들의 대응으로 시작된 이런 문화 프로젝트의 성공이 지역사회를 되살리는 데 크게 기여했다. 시정부, 지역사회 단체, 외국인 관광객이 모두 참여하는 새로운 공간의 창출로

지역사회의 삶의 질 개선을 도모했다는 사실은 우리에게도 시사하는
바가 적지 않다.

알푸하라 및 북부지역 활성화

알푸하라Alpujarra는 메데진 시청과 안티오키아 주정부 청사가 위치
한 행정구역이다. 원래 정부 건물 복합단지는 1980년대에 지어졌다.
서쪽으로 조금 더 가서 메데진강에 인접한 부지에는 맨발의 공원과
메인 콘퍼런스 센터인 마요르 광장Plaza Mayor이 있다. 그리고 메데진

EPM 도서관

의 대표적 문화유산 가운데 하나인 메트로폴리타노 극장Teatro Metro-politano과 1996년에 건설된 EPM 본사가 자리하고 있다.

알푸하라의 바로 북쪽에는 최초의 도서관 공원 중 하나이자 유일하게 도심에 지은 EPM 도서관Biblioteca EPM이 있다. 과학, 산업, 환경, 기술을 전문으로 하는 공공도서관으로, 수도인 보고타에도 이렇게 특화된 도서관은 없다. '지식의 피라미드'처럼 설계된 EPM 도서관은 공공 에너지 회사인 EPM이 건설 자금을 제공했다. 과거에 시장이 자리했고, 도심의 범죄 중심지로 알려진 '빛의 광장Plaza de las Luces'에 2005년 6월 개장했다.

건축가 펠리페 우리베 데 베도우Felipe Uribe de Bedout가 설계한 이 도서관은 세계에서 가장 아름다운 공공도서관 55개 가운데 하나로 선정된 바 있다. 이 건축물은 눈에 띄게 각진 벽으로 9940m²의 면적을 덮고 있는 인테리어를 특징으로 한다. 거꾸로 선 피라미드 형태의 설계임에도 중후하고 안정감이 있다. 도서관 바로 옆에는 300개의 밝은 빛기둥으로 유명한 빛의 공원Park of Lights이 있다. 이 일대의 도시재생사업은 행정구역을 중심에 두고 공원과 같은 공공 공간 확보와 문화적 재생을 통해 지역을 활성화하기 위한 사업들로 이루어졌다.

북부지역 활성화North Revitalization는 2004년 '소원의 공원Parque de los Deseos'—음악의 집Casa de Música 및 천문관planetarium 개조 포함—조성과 함께 시작되었다. 이 일대의 건축물들은 혁신적인 디자인으로 세계적인 건축상을 여럿 수상했다. 이 도시공원은 여러 용도를 가진 다목적공원이다. 야외 콘서트, 영화 상영 및 워크숍 같은 예술 활동 공간에서부터 휴식과 레크리에이션 활동이 가능한 장소까지 여러 가지를 제공한다. 그리고 메데진의 음악가들을 위한 귀중

소원의 공원

한 공간인 '음악의 집'에서는 지역 및 외국 예술가들이 무료로 훈련을 받고 리허설 등을 직접 할 수 있다.

코무나4(아랑훼즈Aranjuez)에 있는 '소원의 공원'에서는 대화형 경험이 가능한 여덟 가지 레크리에이션 명소를 시민들이 직접 찾아 즐길 수 있다. 그중에는 별과 별자리를 보여주는 천구Esfera Celeste가 있다. 그 밖의 과학 체험을 위한 장치와 시설 등도 구비되어 있다. 휴식과 관찰을 위한 공간뿐만 아니라 회전 벤치, 그룹 휴식 장소 및 퍼걸러pergola(정원에 덩굴식물이 타고 올라가도록 만들어놓은 아치형 구조물) 아래 놓인 의자 같은 시설들이 레크리에이션 활동을 다양하게 지원한다.

이 프로젝트에 이어 엑스플로라 공원Parque Explora과 식물원이 뒤따랐다. 그리고 루타 에네 혁신센터Ruta N Center for Innovation가 2009년에 건설되었으며, 보행자 전용거리인 카라보보Carabobo 지역의 인접 지구에 기술단지technology park가 건설되었다.

이런 일련의 사업들이 저소득층 지역인 북쪽에서 시행된 이유는 통합 도시 프로젝트와 개발사업의 성격이 근본적으로 다르기 때문이다. 도시의 중심에 있고 메트로로 쉽게 접근할 수 있는 북부지역 활성화 사업은 '사회적 도시계획'의 문화 복구 전략cultural recovery strategies에 따라 새로운 문화 결절로 계획되었다. 버려진 부지와 오래된 시장 광장에 공공건물이 위치했지만, 주거용 구조의 대부분은 그대로 유지되었다. 이들 중 '소원의 공원'과 식물원을 둘러싸고 있는 외부 공공 공간은 전부 무료로 개방되고, 라틴아메리카 최대의 민물 수족관을 보유하고 있는 엑스플로라 공원만 입장료를 받는다. 물론 저소득층 시민들에게는 입장료를 할인해준다.

연결형 생활공원 '우바'

메데진시의 산미겔San Miguel 지역에 가면 '상상의 우바UVA de la Imaginación'라는 '연결형 생활공원UVA: unidad de vida articulada'이 있다. 이 공공 공간은 아니발 가비리아 코레아Aníbal Gaviria Correa 시장(2012~2015) 시절에 계획된 20개의 '우바UVA' 중 하나로 국제사회에 최근 선보인 메데진의 대표적인 도시 혁신 사례이다.

'우바'는 인구 밀도가 높은 저소득층 주변 지역에서 레크리에이

천국의 우바

션, 문화, 스포츠, 공동체 활동 및 시민 모임 등을 다양하게 열 수 있도록 공공 공간을 새롭게 만든 도시재생 사업의 좋은 사례로 볼 수 있다. '상상의 우바'는 공기업 EPM 소유의 거대한 음용수 저장고를 새로운 인프라로 대체하면서 현지의 역사와 주변 지형 등을 감안, 환경에 미치는 영향을 최소화한 '연결형 생활공원'이다. 물놀이 공간, 어린이 놀이터, 야외 공연장, 카페 및 다목적 교실, 녹지 등이 잘 갖춰져 있다.

  '상상의 우바'는 여러 지역을 연결하는 링크 역할을 한다. 또 철거 및 자원 낭비를 줄이면서도 지역사회의 사회·정치적 문제를 해소하는 데도 기여한다. 2015년에는 국제사회에서도 좋은 평가를 받았다. 152개 국가의 6000여 프로젝트와 경합한 끝에 글로벌 홀심 어워드Global Holcim Award 금상을 수상했다. 이 상은 지속가능한 건축과 디자인 분야에서 탁월한 성과를 낸 프로젝트에 수여하는 것이다.

칠레의 유명한 건축가이자 프리츠커상Pritzker Prize 수상자인 알레한드로 아라베나Alejandro Aravena는 '상상의 우바'가 도시 생활을 개선하는 새로운 방법을 만들어냈기 때문에 가치가 있다고 말한다. "이 프로젝트는 도시 디자인을 통해 삶의 질을 향상시키고 인프라와 공공 공간을 결합한다. 또 소외된 지역사회를 위한 시설을 제공하며 복잡한 문제에 대한 답변을 종합적으로 제시한다."

연결형 생활공원(생활단지) 우바는 2020년 현재 19개소에 조성되어 있다. '상상의 우바'를 비롯하여 꿈의 우바UVA de los Sueños, 화합의 우바UVA de la Armonía, 초록색 환상의 우바UVA Ilusión Verde, 천국의 우바UVA El Paraiso 등이 있다. 메데진의 건축과 공공디자인 역량이 어느 정도인지를 가늠해볼 수 있는 현장이다.

꿈의 우바

현재 안티오키아 주지사로 있는 아니발 가비리아가 계획한 곳 가운데 19번째 우바인 '생명의 발자국 우바UVA Huellas de Vida'가 2020년 11월 산하비에르(코무나13)에서 공식 개장했다. 산하비에르는 에스파냐 도서관 공원이 있던 산토도밍고사비오처럼 국제사회에서 메데진시의 도시재생을 상징하는 대표적인 지역 가운데 하나다. 도시 개발공사가 이곳에 '생명의 발자국'이라는 이름을 붙인 이유는 마약 이나 내전으로 생명을 잃은 이들에게 경의를 표하기 위해서라고 한 다. 피해자들의 기억을 기념하고, 이 공간을 만남, 문화, 공존 및 교류 의 장소로 만들었다. 그런 징표로 금속 패널에 레이저로 화해와 희망 의 말을 새긴 사회적 캔버스를 건물 외부에 걸었다. 정직, 지식, 존경, 일, 평화, 정의, 자유, 공존, 권리 및 삶과 같은 단어들로 주민들의 다양 한 소원과 동기, 열망을 표현한 것이다.

19개의 우바 가운데 특히 인상적인 것도 있다. 아부라 계곡의 산 자락에 있는 물탱크와 저수지 등을 재생해 도시 빈민들의 삶터를 근 본적으로 바꾼 곳이다. 공공 공간을 확보하는 데 탁월한 재주와 능력 을 지닌 메데진 사람들은 도시재생의 진수를 보여주는 연금술사 같다 고나 할까. 세르히오 파하르도가 시장 재임 시절에 만든 도서관 공원 을 안티오키아 주지사 때 교육 공원으로 이름을 바꾸어 다시 건설했 던 것처럼, 가비리아 주지사가 지금은 연이어 연결형 생활공원인 우 바를 안티오키아에서 다시 조성하고 있다는 소식이 들려온다. 우바 프로젝트의 목표는 가난한 바리오에서 레크리에이션, 문화, 스포츠, 생활을 위한 필수 공간을 조성하여 메데진시의 다양한 지역과 코무나 에서 생활공간의 연결 네트워크를 완벽히 구축하는 데 있다.

이런 혁신적인 도시재생 사업을 통해 스포츠 센터, 소규모 운동

경기장, 댄스 홀, 뮤지컬 연습실, 음악 녹음실, 도서관, 어린이 센터, 시청각 교육센터, 강당, 다목적 교실, 여성 보호 센터, 소형 박물관, 광장 등이 지역 특성에 맞게 다양하게 마련되어 주민 간의 만남을 창출하고, 소통, 보살핌 및 참여를 촉진한다. 현재 메데진에서는 우바 건설로 약 16만 5000㎡의 공공 공간이 확충되었고, 도시 전체에서 약 170~180만 명의 주민이 직간접적으로 혜택을 받고 있다.

빈민을 위한 은행 '방쿠아라'

메데진 시정부는 가난한 주민들이 조직범죄와 연관된 대출 사기꾼들에게 의존하는 일을 줄이기 위해 방쿠아라Bancuadra ─ 스페인어로 '세계에서 가장 작은 은행'을 의미한다. 영어권에서는 '소액신용대출은행microcredit bank'이라고 부른다 ─ 라는 빈민 은행을 열었다.

가난한 사람들은 민간 은행에 거의 접근할 수 없기 때문에, 주민들은 대출 사기꾼들에게 돈을 빌리게 된다. '고타 아 고타gota a gota' ─ '방울방울, 즉 돈을 쥐어짠다'는 뜻 ─ 라고 불리는 사기꾼들은 한 달에 20%의 이자를 부과하기도 한다. 그들은 도시에 사는 빈곤층의 불안정한 상황을 악화시키고, 때로는 극단적인 폭력에 노출시키고 있다.

지방정부는 이런 불법 금융 서비스의 규모가 1년에 1억 2400만 달러에 달하는 것으로 추정한다. 방쿠아라는 3개월 이내에 부채를 상환하기로 약속하는 시민과 소상공인에게 350달러까지 대출해준다. 이자율은 월 0.91%이다.

이 새로운 금융 서비스는 대출 사기꾼들이 활발하게 활동하는 도시의 북서쪽과 중심부에서 운영되고 있다. 위험을 줄이기 위해 6개 소득 계층 중 소득 수준이 가장 낮은 지역에 거주하는 주민에게만 대출금이 제공된다. 19명의 직원들이 운영하는 빈민 은행은 성공 여부에 따라 다른 지역까지 확대할 계획이다. 이 사업은 미국의 블룸버그 재단이 2016년에 공모한 시장 도전상Mayors Challenge Prize에 선정되어 받은 100만 달러의 상금을 종잣돈 삼아 시작했다.

운영 경험을 평가한 연구에 따르면, 방쿠아라 이용자는 불법 대출 이용이 크게 줄어든 것으로 알려졌다. 차용자들은 이자로 연간 약 787달러를 절약했으며 개인 저축액도 증가했다. 이런 경험은 칠레, 멕시코, 페루, 그리고 소비자 대출 시장이 점점 범죄 조직의 손에 들어가고 있는 라틴아메리카의 다른 도시에도 커다란 반향을 일으키고 있다. 연 800%에 달하는 이자율 탓에 주택 수리나 장사 밑천으로 소액 대출이 필요한 주민들은 쉽게 부채의 덫에 빠지고 개인 안전에 대한 위협에 직면할 수 있다.

이에 견줘 방쿠아라는 더 나은 옵션을 제공한다. 이 프로그램은 전 세계의 일반적인 소액신용대출 프로그램과 마찬가지로 비즈니스 목적뿐만 아니라, 음식 구입, 공과금 납부, 기타 일상적인 비용을 처리하는 데 사용된다. 차용자는 5~10명의 친구, 가족 또는 동료로 구성된 '신뢰 네트워크'를 구성해야 한다. 각 신탁 네트워크 회원은 초기 대출금을 받고 모든 회원이 합의할 때까지 다른 대출을 받을 수 없다. 방쿠아라가 다른 소액신용대출 프로그램과 다른 점은 주간에 한 차례씩 금융수업을 받아야 한다는 것이다. 초기에는 낮은 상환율로 어려움을 겪었지만 현재는 상환율을 최대 97%까지 높이는 데 성공했다고 한다.

평가를 담당했던 EAFIT 대학교 연구원들은 말한다. "이 그룹 대출 모델은 중요한 기능 중 하나로서, 프로그램 이용자를 위한 모니터링 장치 역할을 한다. 사람들이 이 프로그램에서 가장 중요하게 생각하는 것은 돈이나 개인 재정 관리 방법에 대한 교육뿐만 아니라 이웃과 함께하고 일상생활의 긴급한 문제에 대해 속 터놓고 이야기하는 것이다." 연구자들이 확인한 사항들은 다음과 같다.

- 방쿠아라는 차용자가 갱단에게 빌리는 사채를 크게 줄였다. 프로그램 이용자의 10%만이 이런 불법 대출에 의존한다고 답했다. 이 수치는 같은 항목에 대한 비이용자의 응답률 24%와 상당한 격차가 있다.
- 이 프로그램은 차용자의 저축 능력에 긍정적인 영향을 미쳤다. 참가자 중 16.5%가 저축을 하고 있다고 보고한 반면, 비이용자는 10.5%를 기록했다.
- 안전한 대출에 대한 접근은 비즈니스, 특히 메데진 지역에서 흔히 볼 수 있는 비공식 상점과 식품시설에 대한 접근성을 높였다. 이용자의 69%가 비즈니스 재고stock 능력이 향상되었다고 보고한 데 비해 비이용자는 42%에 불과했다.

EAFIT의 필라 알바레즈Pilar Alvarez는 "신용 기록이 없는 사람들에게 방쿠아라는 이런 프로그램에 참여할 수 있는 중요한 기회"라고 말한다. "그들에게는 대출을 담보할 수 있는 자산이나 공식적인 고용 통계가 없다. 이 경우 신탁 그룹이 바로 담보이다." 이렇게 성공적인 대출과 상환이 원활히 이루어지면 나중에 공식적인 은행에 가서 대출을 받을 기회도 더 많이 열릴 것이다.

연구 결과를 보면 방쿠아라가 어느 정도 성공했는지, 그리고 다음 단계로 도약하는 데 무엇이 필요한지 알 수 있다. 블룸버그 재단의 상금이 모두 소진되자 메데진시에서는 자체 예산으로 프로그램 자금을 계속 지원하기로 결정했다. 방쿠아라 이니셔티브 책임자 릴리아나 갈레아노Liliana Galeano는 향후에는 더 많은 여성을 참여시키는 데 초점을 맞추고, 대출 금액은 물론 상환 기간도 조금 더 늘리는 방안을 신중히 모색할 계획이라고 한다. 그리고 방쿠아라 이용자의 수를 2배로 늘리고 싶다는 소망을 밝히기도 했다.

가난한 빈민들이 조직범죄와 연관된 대출 사기꾼들에게 의존하는 일을 줄이고, 피해를 최소화하는 노력이 메데진에서 성공했다는 소식은 라틴아메리카는 물론 대다수 개발도상국과 저개발국의 도시들에도 적잖은 파장을 끼칠 것 같다.

5

죽은 도시 되살리기 II :
문화, 지식, 테크놀로지

여성들이 징역을 살던
115년 된 감옥은
이제 교육단지로 바뀌었다.

이는 마약과 폭력,
살인으로 점철된 역사에 종지부를 찍고,
도시의 회복력을 높이며
산업혁신을 이끌어가는
이들의 노력을 보여준다.

마약, 폭력, 살인과 창의적으로 싸우기

마약과 폭력, 그리고 살인으로 얼룩진 도시를 메데진 사람들은 어떻게 바꾼 것일까? 여기에는 다양한 방식으로 저항하고 투쟁해온 예술가나 사회 활동가, 학자 등의 피땀 어린 노력과 희생이 있었다.

　한때 산하비에르(코무나13)는 게릴라, 준군사조직, 마약 카르텔과 지역 갱단의 폭력에 시달리던, 메데진에서 가장 위험한 지역이었다. 요즘에는 예전보다 안전해져 정기적으로 그래피티 투어가 진행되고 있지만, 시정부는 메데진에 익숙지 않은 외국인들에게 밤에는 가급적 이곳을 방문하지 말 것을 권한다.

　16개 바리오로 구성된 산하비에르에는 14만여 명이 거주하는데(2019년 기준), 대부분 젊은 사람들(63.94%가 39세 이하, 80세 이상은 1.56%)이다. 사회경제적 기준으로 보면 주로 하위 계층에 속하는 사람들이 집단적으로 많이 거주한다. 코무나13에서는 가장 낮은 계층estrato1에 속하는 가구가 35.7%이고, 계층2가 27.7%, 계층3이 30.9%, 계층4가 5.7%를 차지하고 있다. 이 도시에서 일어나는 살인 사건의 10% 이상이 산하비에르에서 발생한다. 이처럼 일상적으로 계속되는 폭력에 대응하기 위해 지역의 힙합 아티스트들이 목소리를 높였다. 그들이 말, 음악, 예술로 폭력에 저항하면서 이에 분노한 갱단이 2009년 이후에만 10명의 힙합 아티스트를 살해하기도 했다.

이 밖에 엘리트 권력의 실체를 규정하고 그에 대한 저항에 중요한 역할을 한 대학교수와 학생들이 희생되는 사례도 적지 않았던 모양이다. 안티오키아 대학교의 인류학 교수 에르난 에나오Hernán Henao는 캠퍼스 내에서 교수 회의 도중 살해당했다. 준군사조직 지도자 카를로스 카스타뇨Carlos Castaño의 짓이었다. 에나오는 도시 개발의 환경 영향을 연구하며 콜롬비아의 인권과 난민에 대한 글을 남긴 존경받는 학자였다고 한다.

예술가들은 평화를 위해 직접 산하비에르에서 무료 공연을 열기도 했다. 2010년 콜롬비아의 리키 마틴이라 불리는 국민가수 후아네스Juanes가 같은 메데진 태생의 가수 발빈J. Balvin, 음악 그룹 조웰과 랜디Jowell & Randy —최신 라틴 음악의 한 형태인 레게톤Reggaetón을 부르는 푸에르토리코 태생의 듀오—와 함께 무대에 오르기도 했다.

콜롬비아를 대표하는 화가이자 조각가인 페르난도 보테로Fernando Botero의 청동 조각상 〈새〉를 둘러싼 일화도 흥미롭다. 1995년 6월 야외 콘서트 도중 산안토니오 광장의 조각상 아래에서 다이너마이트가 폭발해 230여 명이 죽거나 다치는 참사가 발생했다. 좌파 게릴라 그룹인 콜롬비아 무장혁명군FARC이 평화 협상에 응하지 않던 당시 국방장관 페르난도 보테로 제아Fernando Botero Zea를 응징하는 대신 그의 아버지인 보테로의 작품을 파괴하면서 벌어진 테러였다. 보테로는 폭력에 저항하면서도 메데진 시민들이 이 사건을 잊지 않기를 바라는 마음에서 작품을 파괴된 채로 보존해 광장에 두기를 원했다. 그리고 몇 년 후인 2000년, 같은 형태의 작품을 다시 제작해 시에 기증했다. 오늘날 산안토니오 광장에는 테러 희생자 명단이 바닥에 새겨져 있고, 두 마리의 청동 새가 〈평화의 새들〉이란 이름으로 나란히 서 있다. 그는 파블로 피카소와 함께 그림에 정치적 메시지를 담아내는 걸로 유명한 인물이다. 이런 예술가들의 힘과 열정 덕분에 메데진이 오늘날 마약과 폭력, 살인으로부터 서서히 벗어나고 있는 것은 아닐까.

이제 이 같은 창의적 활동을 펼친 인물들의 이야기를 구체적으로 소개해보고자 한다.

그래피티를 통한 문화 재생

메데진의 도시 구역은 16개 코무나로 나뉘고, 코무나는 249개 바리오로 세분된다. 브라질의 파벨라favela나 아르헨티나의 빌라villa처럼 코무나라는 말은 불안정하고 위험하다는 인상을 준다. 즉 어떤 편견이 작동한다는 말이다. 코무나는 공공 정책이 부재하고, 지리적으로 격리되고 소외되어 있으며, 기본권이 부족한 지역으로 낙인찍힌 곳을 일컫게 되었다. 이로 인해 메데진에서는 부유층이 사는 코무나는 코무나라 부르지 않는다. 엘포블라도El Poblado나 라우렐레스Laureles처럼 지역명을 그대로 쓰는 것이다. 그 이유는 주변 동네가 주로 산자락에 걸쳐 있는 반면, 도심에 가까운 동네는 강과 계곡 바닥에 위치하기 때문이기도 하다. 그래서 코무나13인 산하비에르 사람들은 '폭력적인 데다 멀리서 사는 사람들'이라는 이중의 낙인으로 그간 고통을 받아왔다고 한다.

코무나13은 단순히 벽화 마을로 유명해진 곳이 아니다. 이곳은 2001년까지 마약 밀매업자와 좌익 게릴라를 소탕하기 위해 경찰과 정부 보안군이 10차례나 폭력적으로 개입했음에도 불구하고 성공하지 못한 아픔과 내전의 현장이다. 또 2002년 10~12월 알바로 우리베 Álvaro Uribe Vélez 대통령(2002~2006)의 명령으로 경찰 특수부대와 군대까지 동원한 오리온 작전Operación Orion이라는 대규모 군사작전이 벌어진 현장이다. 수많은 사람이 죽거나 실종되었고, 남은 이들도 엄청난 트라우마에 시달려온 메데진의 대표적인 주변 지역이 바로 산하비에르다.

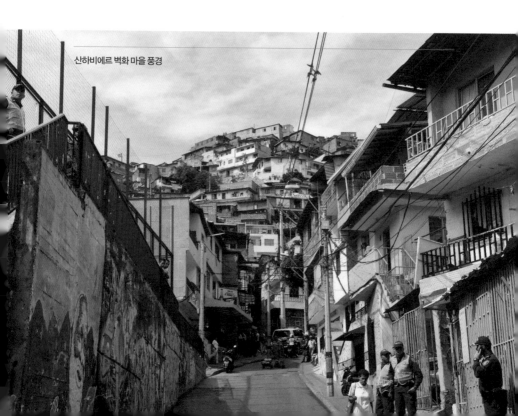

산하비에르 벽화 마을 풍경

이를 극복하기 위해 음악과 미술에 종사하는 지역 아티스트와 활동가들이 다양한 방식으로 저항하기 시작했다. 300여 명의 지역 아티스트가 제작에 참여한 800점 이상의 그래피티도 그런 저항 표현 중 한 가지이다. 2009년경부터는 '카사 콜라초Casa Kolacho'를 비롯해 코무나13의 많은 젊은이가 주축이 되어 지역의 사회적·문화적·정치적·역사적 변화의 메커니즘으로 탄생한 그래피투어를 본격적으로 추진하기 시작했다. 이런 활동은 낙인찍힌 지역사회의 이미지를 바꾸는데 획기적으로 기여했다.

그래피티 작업은 보통 도시 주변부에서 전문적 화가가 아닌 보통 청년들이 추동했고, 시간이 지나면서 지역 주민과 예술가 집단이 광범위하게 참여한 것으로 보인다. 최근에는 IT 기술을 활용해 힙합 아티스트나 지역의 문화기획자들이 페이스북이나 왓츠앱WhatsApp을 통한 그래피투어를 적극적으로 실시하고 있다. 또 메데진의 많은 여행사에서는 직접 전문 가이드를 고용해 그래피투어를 시행하고 있다.

투어를 주최하는 사람들은 그래피티 아트뿐 아니라 힙합과 랩 가사도 변화를 위한 주요 도구로 활용한다. 도시계획가들이 공공 공간의 변화가 더욱 커다란 사회적 변화를 촉발한다고 말하는 것처럼 그래피투어를 통해 인데펜덴시아Independencias 같은 바리오를 점진적으로 바꾸려는 것이다. "예술은 항상 정치이며, 폭력에 저항하고 도전하는 수단이다." 이런 인식 아래 지난 10여 년간 지역 주민들이 애쓴 결과가 오늘날 우리가 보는 산하비에르의 야외 미술관이자 벽화 마을이다.

이제 코무나13의 벽화에 담긴 아픔과 희망의 메시지를 찬찬히 읽어보자. 3년 전에 나는 세계도시정상회의 시장포럼에 참석한 많은 일행과 함께 부산의 감천마을 같은 이곳을 방문했다. 그때 본 그래피티가 오랜 시간이 지난 지금도 눈에 선하다.

가장 인상적인 그래피티는 산하비에르의 역사와 떼놓을 수 없는 것이었다. 앞서 언급한 '콜롬비아 군부의 오리온 작전'을 그린 그래피티다. 작전 과정에서 희생된 민간인을 기억하고자 그렸다고 한다. 벽화 오른쪽의 손에는 군부를, 주사위에는 군사작전이 실시된 날과 코무나13을 의미하는 C13, 그리고 왼쪽으로는 희생된 시민들을 표현했다.

자유와 화합의 메시지를 담은 그래피티도 주목할 만하다. 콜롬비아는 다양한 인종으로 구성된 국가이다. 스페인 식민지 이전의 원주민뿐 아니라, 식민지 시기 들어온 유럽인과 그들이 데리고 온 흑인 노예 등 다양한 인종이 수 세기 동안 뒤섞여 살아왔다. 이 벽화는 콜롬비아 작가와 칠레 의사가 협업으로 만든 작품으로, 새장 밖에 콜롬비아 국기를 상징하는 색으로 그려진 새들을 통해 자유로운 콜롬비아를 나타내고자 했다. 손에 든 열쇠와 오른쪽의 사람 이마에 있는 열쇠 구멍은, 열쇠를 통해 마음의 문을 열고 피부색이 달라도 인간이 모두 평등하다는 사실에 눈을 뜨라는 것을 의미한다.

책을 읽는 아이를 그린 마을 도서관 그래피티 역시 내 시선을 사로잡았다. 스페인어로 가득한 책 위에 쓰인 '사랑'과 '교육'이라는 한글이 눈에 띄어 무척 반가웠다. 지역 예술가들이 작업한 '평화의 벽'이라는 제목의 그래피티에는 '평화 SEOUL KOREA' 같은 글귀도 보인다. "메데진시를 꼭 기억해주기 바란다"며 "예술이 삶에 어떤 영향을 미치는지, 동네가 바뀌는 모습을 실제로 체험하고 있다"고 말하던 현지 예술가의 요청으로 고 박원순 시장이 남긴 글씨다. 인데펜덴시아에서는 개별 예술가들이 마을 곳곳에서 자신의 작품이나 그림을 전

책을 읽는 아이를 그린 그래피티

시해 파는 모습도 어렵지 않게 볼 수 있다. 지금은 오프라인뿐 아니라 소셜미디어를 통해서도 이들의 작품을 쉽게 볼 수 있다.

힙합의 주요 요소 중 하나인 그래피티는 산하비에르의 젊은이들은 물론 지역사회도 혁명적으로 바꾸어놓았다. 문화 재생이라는 것이 결국은 사람을 '다시 살리는' 일이라는 것을 이 마을을 보면서 깨닫게 된다.

안티오키아 박물관과 보테로 광장

고인이 된 브라질 꾸리찌바의 시장 자이메 레르네르는 저서 《도시침술Urban Acupuncture》에서 "도시에는 천재의 필요성을 아는 것만큼 중요한 일도 없다"고 말했다. 주요 도시의 역사를 살펴봐도 천재의 흔적이 선명히 남아 있다. 이탈리아의 여러 도시에는 미켈란젤로, 다빈치, 티치아노, 보티첼리와 같은 르네상스 시대 대가들의 흔적이 남아 있고, 스페인의 바르셀로나에서는 가우디의 숨결이 느껴진다. 또 브라질의 리우데자네이루는 건축가 오스까르 니에메예르Oscar Niemeyer와 보사노바 작곡가 안토니우 카를루스 조빙Antônio Carlos Jobim의 도시이고, 꾸리찌바는 화가 뽀띠 라자로또Poty Lazzarotto의 도시이기도 하다. 메데진에는 어떤 걸출한 천재가 있어 이 도시가 빛나는 것일까? 대표적인 인물이 콜롬비아가 낳은 세계적인 화가이자 조각가인 페르난도 보테로이다.

1932년 4월 19일 메데진에서 태어난 그는 '보테리스모Boterismo'라 불리는 자신만의 시그니처 스타일로 작업해왔다. 그의 그림이나 조각품에 나오는 인물과 사물은 크고 과장된 볼륨을 특징으로 하기에 보통 사람들도 쉽게 그의 작품을 알아볼 수 있다. 보테로는 현재 라틴아메리카뿐 아니라 전 세계에서 사랑받는 예술가이다.

1948년 메데진에서 첫 작품을 선보였던 보테로는 1951년에 보고타로 이사해 잠시 살다가 1953년 다시 파리로 옮겨 루브르 박물관에서 미술을 공부하면서 지냈다. 그 후 이탈리아 피렌체에서 잠시 머물며 르네상스 거장들의 작품을 공부하고, 파리로 다시 이주해 오늘날까지 살고 있다. 매년 고향인 메데진에서 한 달 정도 휴식을 취하며 시간을 보낸다고 한다. 보테로의 그림이나 조각은 국제적으로 인지도가 높아 그의 작품이 존재한다는 사실은 메데진의 가치를 크게 높이고 있다.

여기서 잠깐 안티오키아 박물관과 보테로 광장이 어떻게 탄생하게 되었는지 그 역사를 간단히 살펴보자.

1997년 현재의 위치와는 다른 곳에 있던 안티오키아 박물관

안티오키아 박물관

Museo de Antioquia은 부채가 많았고 방문객도 거의 없었기에 박물관의 생존 여부마저 불투명했다. 당시에 새로 취임한 필라르 벨리자Pilar Velilla 관장은 페르난도 보테로에게 연락을 취했고, 그는 박물관이 새로운 장소에서 운영된다면 자신의 작품을 기증하기로 약속했다. 당시 안티오키아 주지사 알바로 우리베 벨레즈Alvaro Uribe Vélez와 메데진 시장 세르히오 나란조Sergio Naranjo가 이 프로젝트를 지원하면서 새로운 건물을 찾아 나섰다. 1998년 새로 메데진 시장으로 선출된 후 안 고메즈 마르티네즈Juan Gómez Martínez 역시 프로젝트를 지원하면서 옛 시립 궁전을 박물관으로 사용하기로 최종 결정했다. 엘센트로 El Centro에 있는 낡은 건물을 리모델링해 안티오키아 박물관으로 만들기로 했고, 이때 보테로 광장Plaza Botero을 건설하자는 아이디어도 제안된 것으로 보인다.

보테로 광장을 만들려면 그곳에 있었던 건물 전체를 철거해야만 했다. 1999년과 이듬해에 건물 철거와 광장 건설을 완료했고, 2001년 2단계에 걸친 공사를 마무리했다. 야외 공원 형식으로 조성된 보테로 광장에는 이때 〈아담〉〈굴레가 달린 말〉〈스핑크스〉〈이브〉〈고양이〉〈말을 탄 사나이〉〈모성〉〈생각〉 등 23개의 청동 조각품이 자리 잡았다. 그 후에 가까이 있는 베리오 공원과 산안토니오 광장에 보테로의 작품이 설치되기도 했다.

안티오키아 박물관은 원래 1881년에 설립되었다. 엘센트로로 이전해 보테로 광장과 함께 새로 개장한 것은 2000년 10월의 일이다. 건물 3층에는 페르난도 보테로가 기증한 그림과 조각 컬렉션 100점 정도가 전시되어 있다. 그중 〈파블로 에스코바르의 죽음〉〈자동차 폭탄〉〈커플〉〈콜롬비아의 성모〉〈새가 있는 기둥〉 등 유명한 작품들이

〈파블로 에스코바르의 죽음〉

관광객의 눈길을 끈다. 이곳에는 사진들과 함께 작가의 역사가 담긴 작은 방이 별도로 마련되어 있다. 이 밖에도 식민지 이전과 식민지 시대의 그림은 물론 피카소의 작품을 포함한 많은 현대 미술 컬렉션이 전시되어 있다.

박물관 1층 별실에 전시되어 있는 〈에스코페타라Escopetarra〉도 우리의 시선을 끈다. 콜롬비아의 유명한 클래식 음악가이자 작곡가, 평화 운동가인 세자르 로페즈César López가 2003년에 윈체스터 라이플 소총과 전기기타를 결합해 만든 것이다. 보고타에서 발생한 엘 노갈 클럽 폭탄 테러El Nogal Club bombing 이후에 제작했다는 〈에스코페타라〉는 2006년 6월부터 유엔 본부에 전시되어 있다. 안티오키아 박물관에 전시된 작품은 로페즈와 유엔이 2007년에 메데진시에 기증한 것이라고 한다. 오랜 내전과 마약으로 인한 테러의 상처가 깊게 밴 도시여서 그런지 색다른 분위기를 연출하고 있다.

보테로 광장

　나는 한 도시가 유머 감각을 갖고 있다면, 그 대표적인 사례는 메데진일 것이라고 생각한다. 구도심 한복판에 있는 보테로 광장 주변을 산책해보면 이를 알 수 있다. 이곳은 뚱뚱하고 풍만한 여성, 몸이 비대한 우스꽝스러운 남성과 동물을 형상화한 조각품이 23개(보테로 광장 17개, 안티오키아 박물관 앞 4개, 박물관의 집 앞 2개)나 널려 있는 야외 미술관이다. 이 작품들은 "예술은 고단한 삶의 피난처가 되어야 한다"는 페르난도 보테로의 말을 그대로 입증하고 있다. 그는 왜 이렇듯 특이한 형태의 작품들을 만들었을까? 내전과 마약으로 피폐해지고 얼룩진 메데진에서는 명랑하게 웃거나 세태에 도전하지 않고는 도저히 맨 정신으로 살 수 없었기 때문이 아닐까 하는 생각도 든다. 어쩌면 이것이 바로 메데진을 예술의 도시로 거듭나게 만든 원동력일 것이다.

메데진의 최고 명소 중 하나인 이 일대에는 벨기에 건축가 아구스틴 후바르츠Agustín Goovaerts가 고딕 양식으로 설계한 아름다운 건축물 '라파엘 우리베 우리베 문화 궁전Palacio del la Cultura Rafael Uribe Uribe'도 있다. 검은 벽돌과 흰 벽돌을 섞어 지은 건물은 메데진 시의 건축학적 보석으로 손꼽히는 건축물로, 벨기에산 금속 지지대를 사용하여 기존의 용접 방식이 아닌 복잡한 너트와 볼트 구조로 제작한 데다 건물의 돔도 독특한 양식을 띠고 있다. 1982년에 콜롬비아 국립 기념물로 지정된 이 건물은 1987년 천일전쟁에 참전한 콜롬비아 장군 라파엘 우리베 우리베를 기리기 위해 그의 이름을 딴 궁전으로 개명했고, 다음 해부터 복원 사업이 이뤄졌다. 이 프로젝트는 건축가, 엔지니어, 전기 기사, 목수, 배관공 등 약 120명이 참여하여 11년간 진행한 사업이라고 한다. 지금은 안티오키아 문화유산 연구소의 사무실과 도서관, 작은 미술관, 문서 센터 등으로 활용되고 있다. 이

라파엘 우리베 우리베 문화 궁전

문화 궁전은 메데진시에서 사람들이 사진을 가장 많이 찍는 건축 문화유산 가운데 하나가 되었다.

음악과 춤으로 폭력을 극복하다

메데진에는 힙합의 네 가지 요소인 브레이크 댄스, 디제잉, 랩, 그래피티를 가르치는 힙합 학교가 5개 있다. 대표적인 곳이 아랑훼즈에 있는 '4 엘레멘투스 스쿠엘라4ESkuela'이다. 콜롬비아에서 가장 유명한 힙합 그룹 중 하나인 크루 펠리그로소스Crew Peligrosos가 운영하는 이 학교에는 600명의 학생이 다니는데, 약 40%가 10대 소녀들이라고 한다. 크루 펠리그로소스의 멤버 수는 22명인데, 이들이 모두 학교에서 가르치고, 급여의 10%를 운영비로 기부하는 것으로 알려져 있다. 수업료는 무료이고, 입학 연령 제한은 없다고 한다. 이 힙합 학교가 운영을 시작한 이래 아랑훼즈의 살인율이 80%나 감소하는 놀라운 효과가 나타났다. 이런 성과를 인정받은 힙합 학교는 칠레의 산티아고에서 2016년 세계 음악 엑스포 전문가 우수상Womex 2016 Professional Excellence Award을 수상했다.

지금은 미국의 마이애미에 기반을 둔 ABC 재단의 지원을 받아 크루 펠리그로소스가 팔미타스Palmitas, 만리케Manrique, 산크리스토발San Cristobal 및 엘레티로El Retiro 바리오에 새로운 힙합 학교를 개설했다고 한다. 이 밖에 국제적으로 널리 알려진 힙합 학교 '라 그란 콜롬비아 에스쿠엘라 힙합La Gran Colombia Eskuela Hip Hop'도 있다. 도시를 재생할 때, 물리적인 개발만이 아니라 예술을 활용해 사람을 재생시키는 것도 중요하다는 사실을 이들이 잘 보여주고 있는 것이다.

메데진에서는 빈민가를 변화시키는 데 가장 중요한 것 가운데 하나가 힙합이라고 여긴 모양이다. 몇 년 전 메데진에서 가장 악명 높은 지역인 산하비에르(코무나13)를 방문했는데, 이곳 힙합 활동가들이 2009년 이후에 10명이나 살해당했다고 한다. 비폭력 저항의 한 방식으로 어린이와 청년에게 랩과 춤, 그래피티를 가르쳤는데, 마약 조직이나 무장단체가 이들을 두려워했던 것으로 보인다. 지금도 산하비에르에서는 메데진의 대표적인 힙합 학교 가운데 하나인 '카사 데 힙합 콜라초Casa de Hip Hop Kolacho'가 활동하고 있다.

카사 콜라초는 '삶을 향한 힙합'을 모토로 문화운동을 펼치는 비영리단체이다. 한때 극심한 폭력에 시달린 산하비에르에서 힙합 문화로 평화를 일구는 데 헌신했고, 지금은 인데펜덴시아 바리오를 중심으로 랩을 부르고 춤을 추고 있으며, 이곳의 역사와 그래피티를 주제로 관광 해설을 하고 있다. 그리고 이들과 연계된 브이소셜 재단VSocial Foundation에서는 관광 프로젝트를 지원하고 국제기관과의 제휴 활동을 촉진하기 위한 기금을 마련하고 있다.

이들의 활동이 인데펜덴시아를 얼마나 변화시켰을까? 카사 콜라초에서 운영하는 예술학교에 소속된 40명의 어린이와 청소년 외에도 그 가족, 그리고 지역사회에도 커다란 영향을 미친 것으로 보인다. 이 마을은 엘포블라도와 라우렐레스처럼 부유층과 중산층이 사는 지역사회도 아닌 데다, 오후 6시만 넘으면 사람들이 외출하기를 꺼리는 무법 지역이다.

카사 콜라초의 구성원과 동네 주민들의 관계를 한번 살펴보자. "우리는 이 작은 집을 통해 학교, 동네, 법원으로 갔습니다. 오후에 언제든지 작은 콘서트를 열고, 새로운 낙서를 그리고, 많은 친구들이 참

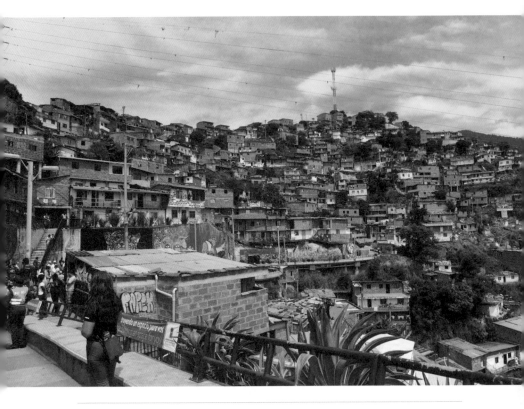

인데펜덴시아 바리오 전경

여하는 워크숍이나 학교 축제를 열 수 있습니다." 이런 일은 옛날에는 상상할 수도 없는 엄청난 변화이다.

　그들이 만든 음악이나 옷차림에 대한 초기의 편견은 점차 이 젊은이들이 코무나의 지속적인 변화의 핵심이라는 공감으로 바뀌었다. 관광 가이드인 시로Ciro는 이렇게 말한다. "지역 주민들은 우리를 히트맨(암살자), 마약 중독자, 방랑자의 동의어로 여겼습니다. 하지만 오늘날에는 사람들이 우리를 보고 길을 건넙니다. 거리를 건너와 우리를 맞이하고 우리를 이곳의 변화에 도움이 되는 주체로 생각합니다."

이는 그들을 다양한 폭력에 대한 저항과 변화를 이끄는 주인공으로 보는 사람들이 산하비에르는 물론이고 메데진 전역에도 상당히 많다는 것을 시사한다. 카사 콜라초의 활동이 사회와 당국의 기대에도 어느 정도 부합했다는 의미이기도 하다.

물론 힙합 학교의 음악과 춤만으로 인데펜덴시아가 완전히 바뀌었다고 말하기는 어렵다. 여기에는 앞에서도 언급한 에스컬레이터도 대중교통 수단으로서 적잖이 기여했다. 에스컬레이터는 세르히오 파하르도 전 시장의 제안으로 '인데펜덴시아' 지역 주민의 이동 편의를 위해 설치해 2011년부터 운영되었다. 전에는 1만 2000여 명의 주민들이 350개가 넘는 계단을 올라가야 했지만, 지금은 단 5분 만에 편리하게 이동할 수 있게 되었다. 그 결과 지역 주민들이 작지만 다양한 가게를 운영하기 시작해 새롭게 상권이 형성되고, 지역경제 활성화에도 기여하게 되었다. 또 주민들이 벽면에 그래피티를 그리고, 춤과 음악 공연을 펼치면서 관광객을 모으고 있다. 이렇게 산하비에르에는 한 달에 약 3만 명, 1년에 약 40만 명의 외국인 관광객이 모여든다.

도시재생의 성과를 메데진시 아동청소년국 알레한드로 데 베도트Alejandro de Bedout 국장은 이렇게 증언한다. "이 지역은 1970년부터 빈민층이 거주하기 시작했고, 2011년 에스컬레이터가 개통하면서 발전하기 시작했습니다. 여기에는 여러 가지 관광 요소가 있습니다. 친절한 주민들, 그리고 도시재생에 활용된 그래피티와 에스컬레이터에 많은 국내외 관광객이 관심을 보이고 있죠."

6개 구간으로 이어진 에스컬레이터를 타고 올라가면 소박한 전망대와 작은 공터가 나온다. 이곳에서는 '블랙앤화이트 댄스팀'의 비보잉 공연이 관광객의 시선을 사로잡는다. 3년 전 이곳을 방문했을 때 이 댄스팀과 '경찰 라디오 스테이션 팀'의 공연을 직접 관람한 적이 있다. 당시 박원순 시장도 "산동네에 마약 범죄도 많았던 곳을 음악과 미술의 힘으로 성공적으로 재생시켰다는 데 큰 의미가 있다"고 평가했다.

인데펜덴시아의 도시재생에 대한 지역 주민의 만족도도 비교적 높다. 한 여성 주민은 "에스컬레이터는 메데진시가 저희에게 준 큰 선물입니다. 너무 행복하고, 청년들의 그래피티는 너무 아름답습니다. 이곳에서 평생 살아왔고 그래피티 작업에도 여러 번 참여했지만 이렇게 천지개벽할 것이라고는 상상도 못 했어요"라고 말했다.

하지만 어떤 주민들은 에스컬레이터를 '천사이자 악마'로 여기고 있다. "분명히 이 장소를 아름답게 하고 동네에 쉽게 접근하도록 해주었으며, 메데진시의 주변 지역을 관광의 핫스팟으로 만들었습니다. 하지만 이 도시 마케팅은 동시에 공간과 관련된 갈등을 은폐하거나 축소하는 역할을 하기도 합니다." 오늘날 산하비에르에는 혁신, 건축학적 랜드마크, 빈곤층을 위한 대중교통의 성공적인 모델이 엄연히 존재하지만, 여전히 해명과 해결이 필요한 제도적·구조적 폭력 또한 존재하고 있다.

나는 2019년 산하비에르의 인데펜덴시아 마을을 방문했을 때 현지 주민들이 들고 서 있던 종이 팻말을 보고 알았다. 이 팻말에는 "시장은 현실을 보여달라" "현실을 숨기지 말라"고 쓰여 있었다. "집도, 먹을 것도, 직장도 없다"며 "시장은 이런 사람들이 오면 우리를 숨겨두려고만 한다"고 외치던 한 가난한 청년의 목소리가 아직도 귓가를 맴돈다. 이 지점에서, 과연 누구를 위한 도시 개발인지 되묻게 된다.

〈나르코스〉 유산 지우기

앞서 범죄 드라마 〈나르코스〉에 대해 콜롬비아, 특히 메데진 시민들이 어떤 반응을 보이는지 언급한 바 있다. 메데진은 마약왕 파블로 에스코바르와 그의 왕국 메데진 카르텔의 본부가 있던 곳으로, 이 도시에서는 한동안 '원치 않았던 블랙 투어리즘'이 인기를 끌었다. 많은 관광객이 에스코바르의 테러 통치 흔적과 그의 궤적에 깊은 관심을 보였기 때문이다.

콜롬비아에선 에스코바르를 비롯한 마약 세력들이 활동하는 동안 십자포화에 시달리던 마약 딜러와 일반 시민들이 무수히 살해당했다. 또 도덕적 권위를 지닌 사람들과 학자, 예술가, 판사, 언론인, 정치인, 기업가 등이 테러로 목숨을 잃었다. 1983년에서 1994년 사이에 콜롬비아에서는 마약 폭력으로 4만 6612명이 살해되었다. 1965년에서 1975년 사이에 베트남 전쟁으로 사망한 미군 4만 934명보다 희생

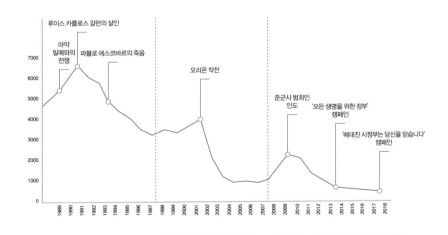

메데진시의 살인 사건 증감 추이

자가 더 많았던 것이다. 그로 인해 콜롬비아에는 자국 내에서 떠도는 난민 같은 국내 실향민도 많았고, 특히 메데진 사람들은 엄청난 트라우마로 고통을 받았다.

그래서일까? 콜롬비아 정부는 물론 메데진 시정부도 에스코바르로 인해 자국과 메데진시의 이미지가 훼손되는 것을 더 이상 내버려둘 수 없다고 판단하고는 2019년 2월 파블로 에스코바르의 '범죄 요새'였던 모나코 빌딩을 폭파하여 완전히 철거하는 행사를 열었다. 이 8층짜리 콘크리트 저택은 정부가 점령한 1990년 이후 이렇다 할 관리 없이 방치되었음에도 국제적인 관광 명소로 이름난 곳이다.

이날 행사장에는 시장이던 페데리코 구티에레즈와 이반 두케 대통령도 참석했다. "우리는 역사를 지우는 것이 아니다. 젊은이들이 이 이야기를 알게 하되, 같은 일이 다시 일어나지 않을 것이라고 말해줄 필요가 있다"는 구티에레즈의 말처럼, 메데진시가 〈나르코스〉의 유산을 지우며 새로운 역사를 써가기로 한 것이다. 부유층이 사는 엘포블라도 한복판에 자리한 이곳에는 오늘날 메데진 기념공원Memorial Park Inflexión Medellín이 조성되어 있다.

이 장소를 새로 개발하기 위해 도시개발공사는 마약 전쟁의 직간접적인 희생자들과 동네 주민들이 참가하는 워크숍을 여러 차례 개최했고, 시민들로부터 약 460건의 제안을 받았다. 그리고 '피해자를 위한 공원, 기념관 또는 플랫폼'이란 제목으로 콘테스트도 개최했다. 이를 토대로 건축회사 '페케냐 에스칼라 아르키텍투라Pequeña Escala Arquitectura' 등은 마약 테러 희생자, 살해된 판사와 검사, 경찰과 군인, 민간인을 기리고 추모하는 공원을 설계했다.

5300m²의 면적에 조성된 추모공원에는 4만 6000개 이상의 구

메데진 기념공원

멍을 새긴 70m 길이의 벽이 세워져 있다. 1983년에서 1994년 사이에 희생된 시민들을 상징하는 건축물이다. 뒷면에는 폭탄 테러나 공격 등 200건이 넘는 비극적 사건을 기록해둔 타임라인이 있고, '영웅의 길'이라는 곳에는 새로운 세대의 롤모델이 되는 사람들의 말을 적어둔 아트리움atrium이 있다. 벽은 모나코 빌딩이 있던 이곳을 울타리처럼 둘러싸 메데진이 그 역사를 품고 있다는 사실을 은연중에 암시한다.

　메데진 기념공원은 희생자를 추모하는 동시에 미래에는 같은 실수를 반복하지 않겠다는 다짐의 성격을 담은 기억의 공간이다. 파블로 에스코바르가 살던 곳을 역사 교육의 현장으로 재탄생시키며 메데진 사람들의 아픔과 상처를 치유했다는 점에서 우리에게도 작지 않은 울림을 던져준다.

파이사* 문화의 상징, 꽃 축제

메데진은 연중 따뜻하다. 적도 근처의 해발 1500m에 자리 잡고 있어 연평균 기온이 22℃ 정도이고, 기온 범위도 15~30℃로 일 년 내내 쾌적한 봄 기후를 보인다. 그로 인해 메데진은 '영원한 봄의 도시La Ciudad de la Eterna Primavera'라는 별명을 갖고 있다. 하지만 도시가 아부라 계곡에 위치하고 있어 많은 취락들이 경사면에 건설되었고, 이 때문에 지역에 따라서 기온 차가 나기도 한다.

콜롬비아는 네덜란드에 이어 세계에서 두 번째로 꽃을 많이 수출하는 화훼 강국으로, 메데진과 인접해 있는 산타엘레나Santa Elena는 화훼 산업의 주요 거점 가운데 하나이다. 이런 지리적 특성 때문에 1957년 5월 메데진에서 최초로 '꽃 축제Feria de las Flores'가 열렸다. 메데진 지역에서 번창하는 화훼 산업을 홍보하고 관광과 지역 경제 활성화를 도모할 목적으로 추진된 이 축제는 바실리카 메트로폴리타나 대성당Catedral Basílica Metropolitana에서 열린 꽃 박람회와 함께 5일 동안 진행되었다. 또 제1회 '데스필레 데 시제테로스Desfile de Silleteros'가 산타엘레나에서 약 40명의 남성들이 '시제타silleta'라는

---

* 파이사Paisa는 콜롬비아 안데스 산맥의 서부 및 중부 코르디예라cordilleras 일부를 포함하는 콜롬비아 북서부 지역 출신을 뜻한다. 파이사 지역은 안티오키아Antioquia, 칼다스Caldas, 리사랄다Risaralda 및 퀸디오Quindío주로 형성된다. 주요 도시는 메데진Medellín, 페레이라Pereira, 마니살레스Manizales와 아르메니아Armenia이다.

시제타

지게를 등에 메고 박람회장으로 오는 것으로 시작되었다. 이듬해인 1958년부터는 안티오키아의 독립을 축하하기 위해 축제의 달을 8월로 바꾸어 오늘날까지 약 65년에 걸쳐 꽃 축제를 열어오고 있다.

'데스필레 데 시제테로스'라는 꽃 퍼레이드에서는 어린아이부터 60대 이상에 이르기까지 모든 연령대의 파이사들이 나무 시제타 위에 꽃 장식을 얹어 짊어지고 행진한다. 요즈음에는 보통 500명 이상이 참가한다고 한다. 이런 전통은 19세기에 안티오키아주의 시골 사람들이 시제타를 이용하여 병자와 노인을 실어 나른 데 그 뿌리를 두고 있다. 산타엘레나 마을의 꽃 재배업자들이 메데진 시장에 꽃, 야채, 허브를 운반하기 위해 시제타를 처음 사용했고, 집으로 돌아갈 때는 이 지게에 메데진에서 구입한 음식과 가정용품을 실었다고 한다.

'시제타'는 진화해서 오늘날 네 종류가 있다고 한다. 시민들에게 교육적 메시지를 전달하는 '상징적 시제타', 가장 다채롭고 화려한 모양을 한 '기념비적 시제타', 예전에 화훼농들이 사용하던 '전통적인 시제타', 그리고 단체나 회사에서 의뢰해 만든 '상업적 시제타'가 있다. 메데진에서는 매년 8월 꽃 축제가 열리는 11일 동안 모든 시제타를 볼 수 있다.

콜롬비아 최고의 볼거리 20가지 가운데 하나인 메데진 꽃 축제 기간에는 그 외에도 여러 이벤트가 열린다. 그중 하나가 매년 약 100만 명이 찾는다는 '클래식 카 퍼레이드Desfile de Autos Clasicos'이다. 파이사에는 상태가 양호한 클래식 자동차가 많고, 이 행사를 위해 콜롬비아 각지에서 찾아오는 참가자도 적지 않다. 코로나19 바이러스의 유행으로 2020년에는 5개 쇼핑몰의 클래식카 전시로 대체되었지만, 2019년까지만 해도 300대 이상의 차량이 카퍼레이드에 참가했다.

축제 기간에는 슈퍼 콘서트도 열린다. 이때는 라틴·살사 음악을 부르는 미국 가수 마크 앤서니Marc Anthony와 메데진 태생의 말루마Maluma 등 세계적으로 유명한 가수들이 참가해 성황을 이룬다. 콜롬비아에는 바랑키야 출신의 세계적인 싱어송라이터, 음악 프로듀서, 댄서인 샤키라Shakira 등이 있어 라틴팝의 본고장으로 불리기도 한다.

2020년에는 코로나19 바이러스 때문에 많은 인파가 몰리는 '데스필레 데 시제테로스'를 공개적으로 열지는 못했지만, 11월 8일에 산타엘레나에서 비공개로 행사를 진행했다. 메데진 시장실의 소셜 네트워크와 지역 TV 채널을 통해 방송만 했다고 한다. 또 대규모 꽃 퍼레이드 대신 메데진의 여러 지역에서 소규모 캐러밴을 운영하는 것으로 대체했다. 같은 날 우수 작품들에 대해 시상을 하고, 510개의 시제타를 메트로 역, 쇼핑센터, 마요르 광장, 안티오키아 미술관, 메데진 현대미술관 등에서 전시했다.

팬데믹 상황이 끝나고 일상생활이 가능해지면 꽃 축제가 다시 열릴 것이다. 이 행사는 파이사 문화의 상징인 데다 시민들이 65년 동안 지속적으로 추진해온 공동체 행사이므로 이미 그들 생활의 일부가 되었기 때문이다.

시詩가 도시를 되살리다

메데진에는 대안 노벨상이라 불리는 '바른 생활상The Right Livelihood Award'을 수상한 사람들이 있다. 2006년에 페르난도 렌돈Fernando Rendón, 가브리엘 하이메 프랑코Gabriel Jaime Franco와 글로리아 체바탈Gloria Chvatal로 이루어진 '메데진 국제 시詩 축제Medellín International Poetry Festival' 사절단이 스웨덴의 스톡홀름 현지에 가서 상을 받았다. 시 축제는 어떻게 탄생했을까?

메데진 국제 시 축제는 콜롬비아, 특히 메데진에서 일어나는 정치적 폭력과 증오에 대한 항의로 시작되었다. 1990년대 초 메데진은 공포, 정치 테러, 범죄 집단 간의 투쟁이 지배했다. 주말에는 100여 명이 살해되고, 오후 8시가 지나면 군대가 통제하는 야간 통행금지로 인해 도시가 완전히 죽어 있었다. 이런 도시를 되살리는 데 기여한 것 가운데 하나가 바로 거리의 시 낭송이었고, 이를 통해 문화생활을 재건하고 도시를 되찾았다.

국제 시 축제는 1982년에 창립된 문학잡지 《프로메테오Prometeo》 관련 인사 13명이 1991년에 처음 조직했다. 주요 아이디어는 편

집자이자 시인이었던 페르난도 렌돈과 앙헬라 가르시아Ángela García
가 냈다고 한다. 축제가 열린 첫해는 메데진의 살인율이 인구 10만 명
당 381명(총 6349건)으로 세계 최고 수준이던 때였다.

'바른 생활상'을 수상한 이 축제는 2009년에 콜롬비아의 문화예
술 유산으로 선정되기도 했다. 2019년 29회째를 맞이한 행사가 6월
29일부터 8일 동안 5개 대륙 35개국에서 온 시인들이 참가한 가운데
메데진 전역에서 진행되었다. 월터 휘트먼Walter Whitman 탄생 200주
년을 기념하는 축제 기간에는 시 낭송회, 워크숍, 강좌와 패널 전시
등 120개 이상의 활동이 이뤄졌는데, 약 20만 명이 즐긴 것으로 알려
졌다.

2020년 제30회 시 축제는 6월 13일부터 개최될 예정이었으나,
팬데믹 때문에 한 달 반 정도 연기되었다. 이해에는 유튜브 같은 소

제24회 국제 시 축제

셜미디어 플랫폼을 이용한 디지털 버전의 이벤트로 8월 1일 개막해 10월 10일까지 열렸다. 약 100여 국가에서 참가한 200여 명의 시인이 온라인 시청자들에게 시 작품을 발표했다.

2021년 개최된 제31회 축제 때는 100개국에서 온 185명의 시인과 내빈들이 참석했다. 축제에는 2011년 괴테상Goethe Prize을 수상한 시리아의 아도니스Adonis를 비롯해 여러 차례 노벨문학상 후보에 올랐던 저명한 시인들이 참석했다.

2022년에는 100개 국가에서 130명의 시인이 초대받아 100개의 가상 및 대면 이벤트가 개최될 것으로 보인다. 이 밖에도 6명의 시인을 특별히 선정해 '세계 평화, 자연과의 평화'를 핵심 주제로 다룰 계획이라고 한다.

'바른 생활상'은 1980년에 "세계 문제의 근본 원인에 대한 비전과 모범적인 해결책을 제시하는 용감한 사람들과 조직을 존중하고 지원"하기 위해 만들었다. '대안 노벨상'으로 알려진 이 상의 수상자는 현재 70개국에서 174명이 나왔다. 상을 수여하는 재단이 '메데진 국제 시 축제'에 대해 언급한 내용이 인상 깊다.

"콜롬비아는 테러 집단의 희생자이며, 시는 수수께끼를 해독하는 보편적인 언어입니다. 테러는 국가가 후원하는 것이며, 시는 꿈이자 영원한 도전에 대한 해답입니다. (…) 메데진의 '국제 시 축제'는 세계에서 가장 크고 권위 있는 시 축제 중 하나입니다."

초기에 주최 측에서는 문화적 저항의 한 형태, 즉 국가의 테러와 불의에 항의하기 위한 문화적 저항의 한 방식으로 축제를 구상했다고 한다. 국제사회에서 이런 노력을 높게 평가받아 '바른 생활상'을 수상하자 2009년에는 콜롬비아 정부가 법률 1291호를 제정해 국가 문화 예술 유산으로 지정했다. 또 중앙정부가 축제의 실행 및 개발 예산을 국가의 일반회계에 반영하고, 관련 조직도 공식 단체로 승인했다.

축제는 시 낭송회, 콘서트, 독백, 연극, 스케치 및 공연 등 다양한 예술 영역에까지 영향을 미치면서 메데진의 문화를 한층 풍요롭게 만들었다. 또 도서관, 문화센터, 쇼핑센터, 극장, 공원, 광장, 학교, 호텔 등 다양한 장소에서 시 축제가 진행되면서 다양한 건물과 장소를 새롭게 발견하고, 지역사회의 정체성을 강화하는 데도 크게 기여했다. 게다가 축제가 지역 단체의 강력한 지원 아래 추진되었기에 공동체와 시민사회의 역량도 크게 강화되었다.

지금은 축제를 통해 국제사회는 물론 콜롬비아 내의 다른 지역과도 네트워크를 강화하고 있다. 최근 '프로메테오 예술·시 공사Cor-poración de Arte y Poesía Prometeo'는 한 걸음 더 나아가 콜롬비아의 폭력 근절과 평화 정착, 그리고 지구환경 보존을 위한 노력에도 앞장서고 있다고 한다.

조정적 스마트 시티

전 세계적으로 새로운 형태의 스마트 도시계획smart urbanism이 점점 더 도시환경의 미래에 대응하고 있다. 스마트 도시계획의 전망은 디지털 기술이 환경적 지속가능성과, 갈수록 복잡해지는 도시의 거버넌스에서 서비스 제공과 사회적 통합에 이르기까지 근본적인 문제에 대한 해결책을 제시할 수 있다는 것이다. 스마트 도시계획에는 스마트 인프라, 스마트 빌딩과 스마트 그리드, 스마트 포트, 스마트 팜, 스마트 시티 등 다양한 것들이 포함된다.

도시화와 디지털 기술 전문가로 유명한 앤서니 타운센드Anthony Townsend의 정의에 따르면, 스마트 시티는 정보기술이 도시의 인프라나 건축물과 일상용품, 심지어 우리의 몸과 결합하여 사회적·경제적·환경적 문제를 해결해나가는 장소를 뜻한다. 이는 인간이 쌓아 올린 건축적 유산에 새롭게 더해지는 '디지털 업그레이드'가 새로운 종류의 도시, 즉 스마트 시티를 탄생시키고 있다는 이야기다.

하지만 '스마트'라는 말은 오만 가지 뜻을 내포하므로, 스마트 시티의 개념에 대한 완전한 합의는 국제사회에 존재하지 않는다. 그로 인해 나라나 학자에 따라 스마트 시티는 다양하게 정의되고 있다. 예를 들어, 한국의 4차산업혁명위원회는 스마트 시티를 한국경제의 신성장 동력이자 다양한 4차 산업혁명 기술(SG, 인공지능, 사물인터넷, 디지털 트윈, 블록체인, 자율주행차, 드론, 스마트팜, 스마트 그리드 등)을 담아내는 플랫폼이라고 말하고 있다. 한마디로 스마트 시티를 4차 산업혁명 기술을 구현한 사람 중심의 도시라고 보는 것이다.

스마트 시티와 관련된 논란이 국내에는 거의 없지만, 국제사회에선 비판적인 인식이 적지 않은 실정이다. 뉴욕의 설계사무소 어번스케일Urbanscale의 소장 애덤 그린필드Adam Greenfield는 저서 《스마트시티에 반대한다Against the Smart City》에서 지멘스와 IBM, 시스코Cisco Systems 등이 제공한 자료를 분석하며 스마트 시티를 비판한다. 파리나 베를린, 암스테르담 등에서 효과적이었던 스마트 시티 전략을 다른 도시에 똑같이 적용할 경우 부작용이 적지 않다는 것이다. 복잡하고 다양한 도시에서 스마트 기술에 토대를 둔 일괄 시스템을 적용하면 주민의 삶은 편안해지겠지만, 도시의 문화, 역사와 개성을 무시하게 된다고 지적한다.

무엇보다 우리가 귀담아들어야 할 것은 미국의 계획 관련 뉴스 웹사이트 〈플래니티즌Planetizen〉에서 최고의 도시계획 전문가로 선정한 덴마크의 건축가이자 도시 설계가인 얀 겔Jan Gehl의 발언이다. "스마트라는 단어를 들을 때마다 조심하세요. 왜냐하면 그 사람은 새로운 술책을 가능한 한 많이 팔려고 하는 사람이기 때문입니다. 그리고 그가 반드시 당신에게 더 나은 삶의 질을 가져다주는 것은 아닙니다."

이런 비판에도 불구하고 한국에선 스마트 시티가 국책사업으로 채택되어 많은 도시가 제대로 된 검토도 없이 무조건 4차 산업혁명 기술에 기반을 둔 도시 만들기에 올인하고 있다. 이렇게 기술 지향적 도시가 조성된다고 해서 우리가 사는 삶터가 유토피아가 되고, 시민들은 행복해지며 삶의 질이 획기적으로 높아질까? 그럴 가능성이 커 보이지 않는다. 이보다는 도시재생이 필요한 지역에 스마트한 도시침술(특정 지역에 자극을 줘 주변 지역을 되살리고 생기가 돌게 하는 도시재생법)로 지역을 활성화하는 노력이 더 중요하다는 게 내 생각이다. 인공지능, 사물인터넷, 디지털 트윈, 블록체인 등 4차 산업혁명 기술은 중심적이라기보다 보조적이다. 우리가 도시침술 요법을 구사할 때 그것들을 보조 수단으로 잘 활용한다면 도시를 지금보다 더 인간과 자연, 기술이 공존하는 인간친화적인 공간으로 만들 수 있을 것이다.

몇 년 전에 뇌졸중으로 고생했다는 리처드 세넷Richard Sennett은 《짓기와 거주하기Building and Dwelling》에서 인천 송도와 마스다르Masdar 같은 기존의 스마트 시티에 대해 날카로운 비판을 가하고 있다. 그가 진행한 강연의 제목 〈바보를 만드는 스마트 시티The Stupefying Smart City〉도 참 자극적이다. 세넷이 말하는 '열린 스마트 시티'는 어디일까?

기술적 빌ville은 처방적 스마트 시티prescriptive smart city와 조정적 스마트 시티coordinative smart city로 나눌 수 있다. 처방적 스마트 시티는 시민과 함께하는 공동 제작의 형태가 아니다. 장소의 형태와 기능은 미리 정해져 있고, 시민들은 가장 사용자 친화적인 것을 행한다는, 매력적이지만 정신을 둔감하게 만드는 규칙에 따른다. 이것은 폐쇄적인 빌이다. 조정적 스마트 시티는 공동 제작적인 곳으로, 실시간 데이터를 통해 그 도시를 이용하는 방법뿐 아니라 리옹이나 꾸리찌바에서처럼 건물 형태와 거리 계획을 어떻게 다르게 고안할지도 생각하는 스마트 시티다. 그렇게 고안된 대안 형태들이 현대적인 개방형 빌의 모델을 보여준다.

스마트 시티에는 열린 것과 닫힌 것 두 종류가 있다. 닫힌 스마트 시티(처방적 스마트 시티)는 우리를 바보로 만들 것이고 열린 스마트 시티(조정적 스마트 시티)는 우리를 더 영리하게 만들 것이다. 처방적 스마트 시티는 내적으로 권위주의적이지만 조정적 스마트 시티는 민주적이다. 송도에서는 민주적 고찰이 별로 중요하지 않다. 계획 자체에 자유롭게 운신할 여지가 거의 없기 때문이다. 그에 비해 꾸리찌바 사람들은 테크놀로지적으로 민주주의를 실천한다.

노학자 세넷의 지적이 참 가슴 아프다. 최근 들어 SNS에 브라질 꾸리찌바와 콜롬비아 메데진의 스마트 시티 사례를 소개한 것을 보면 내가 생각하는 것과 큰 차이가 없다. 지금 우리가 국책사업으로 추진 중인 세종과 부산의 스마트 시티는 어디에 속할까? 현재까지 알려진 정보를 토대로 판단한다면 이들 도시는 송도와 마찬가지로 처방적 스마트 시티에 가깝다. 이런 곳을 살 만한 도시라고 자신 있게 추천할 수 있을까?

　세넷은 메데진이 '조정적 스마트 시티'의 좋은 모델 중 하나라고 지적한다. 메데진은 창의적인 도시 만들기로 국제사회에서 유명하지만, 도시 마케팅도 상당히 잘하는 곳이다. 2019년 말 《뉴스위크》지는 세계에서 가장 스마트한 도시에 주는 '뉴스위크 모멘텀 어워드Newsweek Momentum Awards' 수상자를 발표했다. 여기에는 암스테르담, 바르셀로나, 시카고, 콜럼버스(미국), 코펜하겐, 후쿠오카, 헬싱키, 홍콩, 런던, 메데진, 오슬로, 파리, 피츠버그, 포틀랜드, 레이캬비크(아이슬란드), 샌프란시스코, 싱가포르, 텔아비브(이스라엘), 토론토, 빈(오스트리아), 취리히, 인촨(중국), 아디스아바바(에티오피아), 키토(에콰도르), 키갈리(르완다) 등 총 25개 도시가 포함되었다. 마약의 도시로 알려진 메데진이 국제사회가 인정하는 스마트 시티로 부상한 것이다.

　2020년 3월에 개최된 넷엑스플로 스마트 시티 액셀러레이터 Netexplo Smart Cities Accelerator 포럼에서는 유네스코가 주관하는 스마트 시티에 공동 선정되었다. 메데진을 포함해 오스틴(미국), 에스포(핀란드), 선전(중국), 산티아고(칠레), 싱가포르, 탈린(에스토니아), 빈 등 10개 도시가 '넷엑스플로 스마트 시티 2020 상Netexplo Smart Cities 2020 Prize'을 수상한 것이다. 여기서 메데진시는 에너지 및 공중보건 분야의 혁신적인 성과를 인정받았다. 이런 평가에는 스마트 시티를 혁신 성장의 플랫폼으로 육성하고 있는 루타 에네Ruta N와 4차산업혁명센터Centre for the Fourth Industrial Revolution Colombia, 그리고 메데진 투자협력청ACI Medellín이 기여했다.

　한국에선 대통령 직속으로 4차산업혁명위원회를 만들고, 그 산하에 스마트시티 특별위원회까지 조직해 운영하고 있다. 스마트 시티를 가장 중요한 국정과제의 하나로 선정해 정부에서 밀고 있고, 지자체에서도 모두 스마트 시티를 만들겠다고 난리인데 왜 국제사회에서는 이렇게 인색한 평가를 하는지 그 이유를 잘 모르겠다.

메데진 혁신지구

메데진은《월 스트리트 저널》과 도시토지연구소ULI가 세계에서 가장 혁신적인 도시로 인정한 곳이다. 이것은 국제사회가 메데진의 혁신적인 비즈니스뿐만 아니라 폭력을 극복하고 이웃을 되찾기 위한 도시의 혁신적인 전략을 인정한다는 것을 뜻한다. 메데진은 도전을 기회로 바꿔온 오랜 역사를 가지고 있다. 메데진은 19세기 후반에 거대한 산업도시로 부상한 이후 새로운 기업과 생활방식을 발명하여 지리적 고립을 극복하고, 섬유, 콘크리트, 식품 및 에너지 생산의 거점으로 성장해왔다. 오늘날에는 이런 전통 산업에서 한 걸음 더 나아가 디지털 기술과 바이오 기술, 그리고 사물인터넷, 인공지능, 빅데이터, 지능형 로봇, 드론 등 이른바 4차 산업혁명 기술을 기반으로 하는 새로운 경제가 급부상하고 있다.

선진 기업은 중앙집중식보다 네트워크를, 표준화보다 맞춤화를, 그리고 현지에서 공급되는 제품과 서비스를 목표로 한다. 이 모델에서 혁신은 하향식보다 상향식으로 이뤄지고 기존 산업은 서로 효율적으로 연결된다. 세계의 다양한 지역에서 지역경제 개발 및 고도화를 위해 혁신지구를 조성·운영하는 전략이 하나의 대세로 자리 잡아가고 있다.

메데진은 스마트 시티의 산실 역할을 하는 루타 에네를 기반으로 하여 '메데진 혁신지구Medellinnovation District'라는 세계적인 혁신 지구를 만들었다. 바르셀로나의 22@Barcelona 컨설턴트가 직접 아이디어를 제공하고, 세계적인 스마트 시티 전문가이자 MIT 도시계획 교수인 데니스 프랜치맨Dennis Frenchman과 카를로 라티Carlo Ratti가 직접 마스터플랜을 설계한 곳이다. 그래서인지 이곳은 개발도상국에 있음에도 불구하고 바르셀로나, 보스턴, 에인트호번 등과 함께 국제 사회에 널리 알려져 있다.

'메데진 혁신지구'는 전통 산업과 새로운 산업이 창의적인 클러스터로 융합되어 21세기 제품, 비즈니스 방식 및 라이프스타일을 발명하는 공간을 제공한다. 클러스터의 핵심 자원은 외국인과 지역에서 거주하며 일하는 사람, 특히 메데진의 재능 있는 젊은이들이다. 이런 이유로 개인적 발전 기회를 제공하는 매력적이고 풍부한 편의시설과 디지털 기술을 쉽게 활용할 수 있는 환경의 개발이 중요했다. 그리고 기업이 이 지역에 들어서서 성장하는 데 필요한 인센티브도 중요했다.

이 혁신지구는 창조적인 클러스터를 위한 이상적인 장소이다. 세비자Sevilla, 차구알로Chagualo, 산페드로San Pedro, 헤수스나사레노Jesus Nazareno 지역을 따라 조성된 이곳에는 루타 에네와 메데진의 여러 연구 기관은 물론 식물원, 노르테 공원Parque Norte, 엑스플로라 공원Parque Explora, 천문관, 시민 강당과 같은 레크리에이션 및 문화 시설이 위치하고 있다. 또 핵심 지역에 연구·개발을 위한 부지가 있고, 강 건너편의 새로운 혁신 공원에는 더 큰 생산 공간이 마련되어 있다. 따라서 이곳은 도시 혁신의 중심이 될 공간을 통합하는 좋은 기회를 제공한다.

이곳은 혁신적인 생태계를 구성하는 사람들이 일하고, 살고, 교류할 수 있는 환경을 계속 조성하고 있다. 계획의 기초는 개방적이고 건강하며 생산적인 환경을 조성할 공원, 공공 장소 및 보행자 중심의 거리 네트워크이다. 카라보보Carabobo는 지역의 쇼핑 및 사교 생활뿐만 아니라 주요 기업의 '메인 스트리트'가 된다. 연구 및 교육 시설은 안티오키아 대학교를 강과 연결하는 벨트를 따라 밀집되어 있다. 새로운 기업에서 일할 수 있는 업무지구와 공교육, 훈련 및 참여를 지원하는 새로운 시설도 혁신지구 내에 갖추어져 있다.

현재 이곳의 혁신적인 생태계가 새로운 기업, 프로젝트 및 솔루션을 지속적으로 개발하고 있다. 도시의 기술 혁신 대부분은 '메데진 혁신지구'에서 이뤄진다. 학계와 의료기관, 스타트업, 창업보육센터, 연구소가 '협력하며 경쟁한다'는 모토로 민관이 힘을 합쳐 경쟁력을

카라보보 보행자 전용거리

높이고 있다. 2012년부터 개발된 '메데진 혁신지구'에는 세금 혜택과 낮은 임대료에 매료되어 2018년까지 27개국에서 거의 200개에 달하는 국제적인 신생 기업이 몰려들었다고 한다. 혁신 허브에 대한 비판자들은 보통 이들을 젠트리피케이션의 수단으로 묘사하며 노동 계급에 불리한 불평등을 낳는다고 비난한다. 그러나 메데진의 경우 지역사회가 이웃을 재설계하고 다양한 사교 행사에 적극적으로 참여하여 이주자와 지역 주민이 관계를 맺도록 만드는 '혁신 바자회' 같은 행사를 열며 더 많은 신생 기업을 유치하고 일자리를 창출했다. 표면상으로 봐도 아직 부동산 투기 같은 부작용은 심하지 않은 것 같다.

2020년 감염병이라는 새로운 난관에 맞서 루타 에네는 바이러스 확산 방지를 위해 시장실과 긴밀하게 협력했다. 이들이 추진한 공동 이니셔티브는 대량 테스트, 추적 도구 개발, 공중 보건 데이터 수집, 의료 및 보호 장비 혁신(안면 마스크 및 저비용 인공호흡기 제작·보급 포함), 병원 수용력 확장을 중심으로 이뤄졌다. 비록 데이터 수집 노력이 개인정보 보호 문제를 야기했지만 그들의 성공은 방역 자체의 성과로 이어졌다. 메데진시의 초기 방역 실적은 브라질, 칠레, 페루 같은 인접 국가는 물론이고 다른 콜롬비아 도시의 실적보다 훨씬 더 좋은 것으로 나타났다. 이것은 팬데믹 기간에도 '메데진 혁신지구'의 성과가 적지 않았다는 것을 시사한다.

루타 에네와 4차산업혁명센터

루타 에네는 2009년 시청과 공기업인 통신회사 UNEEPM Telecomuni-caciones, 그리고 EPMEmpresas Públicas de Medellín(1955년 설립된 공기

업으로 전기, 가스, 수도, 위생 및 통신 서비스 제공)에 의해 설립된 메데진의 '비즈니스 혁신센터'이다. 루타 에네 단지Complex Ruta N는 도시의 혁신과 기술 발전의 상징으로 세비자의 메데진 혁신지구에 위치해 있으며, 총면적이 3만 m²가 넘는 3동의 건물로 구성되어 있다. 단지 내에는 에너지, 보건, ICT 분야를 중심으로 120개 이상의 기업이 입주해 있다. 이곳은 콜롬비아의 공공 건물로는 최초로 지속가능하고 환경친화적인 건축물에 수여하는 LEED 골드 인증LEED Gold Certification을 받았다.

'루타 에네'는 앞서 언급한 메데진 혁신지구와 루타 에네 단지, 그리고 최근 설립한 '4차산업혁명센터C4IR'를 관리하는 책임을 맡고 있다. 혁신의 주체로서 루타 에네의 활동은 ① 기업가적 인재 육성, ② 생태계 내·외부의 강력한 네트워크 구축, ③ 혁신을 위한 자본 확보, ④ 도시 혁신지구 내 스타트업 및 혁신 기업을 위한 적절하고 충분한 인프라 제공 등 네 가지 주요 요소를 중심으로 이뤄진다. 이들의 임무는 과학, 기술, 혁신STI: Science, Technology and Innovation을 향한

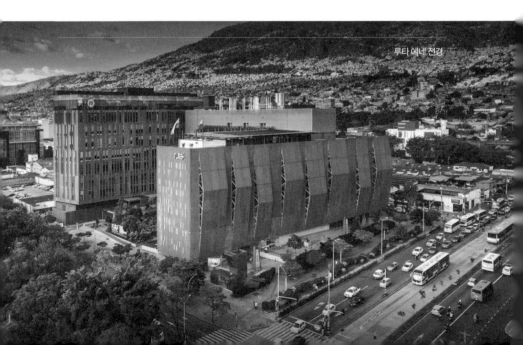

루타 에네 전경

메데진의 경제적 진화를 포괄적이고 지속가능한 방식으로 이끄는 것이다. 루타 에네의 비전은 생태계를 기반으로 한 도시 경제와 복지의 주 촉매제로서 혁신을 제도화하는 것이다. 혁신 플랫폼, 지식 기반 사업 및 혁신 문화부 등 3개 부서에서 STI 전략 계획을 수립하고 실행하는 임무를 맡고 있다.

사업의 재정은 주로 공적 자금에서 조달되며, 일부는 사무실 공간 제공 등을 통해 얻은 수입으로 충당된다. 주요 자금원은 2012년 이후 연간 경상이익의 7%를 루타 에네의 예산에 배정하는 공기업 EPM으로부터 나오고, 나머지는 국가 기금과 시의회에서 만들어준 기타 기부금에서 보충하고 있다. 한 걸음 더 나아가 시정부는 STI 분야의 국내총생산GDP 점유율이 2014년 0.77%에서 2015년 1.15%로 증가한 점을 감안해 2021년까지 경상투자 비중을 3%로 높이는 구체적인 조치와 노력을 기울여왔다.

지금까지 루타 에네가 이루어낸 성과를 요약하면 아래와 같다.

첫째, 172헥타르의 면적에 조성된 메데진 혁신지구에 25개국의 158개 기업을 유치했고, 3000명 이상의 고품질 일자리를 주로 IT, 에너지 및 의료 부문에서 새로 창출했다. 미국의 IBM, 중국의 화웨이, 스위스의 이퀴포Equippo, 영국의 지니어스 스포츠Genius Sports, 호주의 퓨즈 모바일Fuse Mobile, 스페인의 뉴쇼어Newshore 등 다수의 외국계 기업이 포진해 있다.

둘째, 인재 개발의 일환으로 오리손테스Horizontes 학교를 통해 7000명 이상의 학생을 로봇 공학, 나노기술 및 엔지니어링 등의 기술 분야 교육 프로그램에 참여시켰고, 약 150명의 학생이 웹 부트캠프Web Bootcamp 프로그램의 혜택을 받도록 했다. 또한 약 1000명의 연구원과 전문가가 '패스트 트랙' 프로그램에 참여해 도움을 받게 했다.

셋째, 2013년부터 500개 이상의 혁신적인 프로젝트를 제안해 창업을 지원했다. 그리고 메데진의 신혁신기업 출시를 위한 16개 펀드 연결과 20개 투자 메커니즘 구축을 촉진했고, 88개 기업에 금융 지원도 해줬다. 또 3개 사업개발센터(애텀 하우스Atom House, 비오인트로픽Biointropic, 인데버Endeavor)를 유치해 스타트업이 확대되도록 기반을 구축했다.

이 밖에도 루타 에네 단지에는 메데진시와 중앙정부의 상공업관광부가 정부 대표로 지원 업무를 담당하고, 루타 에네가 관리·운영하는 4차산업혁명센터가 들어서 있다. 이 기관은 세계경제포럼WEF에서 지구촌 전역에 구축하고 있는 4차산업혁명센터 네트워크C4IR Network 가운데 하나이다. 이 네트워크는 전 세계 GDP의 40%와 세계 인구의 30%를 차지하는 15개 선진국 및 신흥경제국의 기술 정책 전문가와 이해 관계자를 연결해주고 있다. 200명 이상의 기술 및 정책 전문가, 15개의 센터로 구성된 4차산업혁명센터 네트워크의 본부는 현재 미국의 샌프란시스코에 있다. 라틴아메리카에서는 메데진에 이어 상파울루에도 4차산업혁명센터가 자리 잡고 있다.

4차산업혁명센터는 9개의 핵심 기술―인공지능AI 및 머신러닝machine learning, 자율 및 도시 모빌리티, 블록체인 및 분배 원장 기술, 데이터 정책, 디지털 거래, 드론 및 내일의 영공 기술Tomorrow's Airspace, 지구를 위한 4차 산업혁명, 사물인터넷·로봇 및 스마트시티, 정밀의료―을 집중적으로 연구하고 세계 전역에 관련 지식을 이전·보급하고 산업화하는 데도 적극 나설 예정이라고 한다. 메데진에 국제적인 네트워크가 있다는 것은 이제 이곳이 마약 도시가 아니라 스마트한 혁신도시이자 4차 산업혁명 기술을 전파하는 전초기지가 되었다는 사실을 말해준다.

웨스턴 유니버시티 시타델과
소프트웨어 밸리 센터

메데진에서는 페데리코 구티에레즈(2016~2019) 시장의 임기 말부터 4차 산업혁명을 주도할 인재를 양성하는 교육 거점 개발에 나섰다. 현 시장이 사업을 이어받아 2021년 1월에 대규모 메가 프로젝트를 완공했다. 1670억 콜롬비아 페소가 투입되어 20개월에 걸친 공사 끝에 완공된 웨스턴 유니버시티 시타델Ciudadela Universitaria de Occidente은 페드로 넬 고메즈 유니버시티 시타델Pedro Nel Gómez University Citadel에 추가되는 인프라로, 4차 산업혁명 및 창조 산업과 관련된 교육 센터로 만들어졌다. 이 교육단지는 올림픽 수영장 57개에 해당하는 6만 m² 넓이의, 코무나12(라아메리카)와 13(산하비에르) 사이의 공간에 자리 잡고 있던 악명 높은 엘 부엔 파스토르 여성교도소El Buen Pastor women's prison를 허물고 조성한 것이다. 이 중 3만 7000m²는 공공용지, 2만 3000m²는 건축용지로 이루어졌다. 현재 13개 동의 전체 건물이 모두 완공되었는데, 8000명의 학생을 동시에 수용할 수 있는 규모로 알려졌다. 여기에는 다목적 교실 16개, 재래식 교실 18개, 164명을 수용할 수 있는 강당, 2300m² 규모의 도서관, 극장, 2개의 노천체육관을 비롯해 실험실, 컴퓨터 센터, 300m² 이상의 거주 가능한 테라스 등이 포함되어 있다.

여성들이 실형을 살던 115년 된 감옥은 이제 교육단지로 바뀌었

웨스턴 유니버시티 시타델

다. 다니엘 퀸테로 시장의 주요 공약인 '메데진 미래 2020~2023 개발계획Medellín Futuro 2020-2023 Development Plan'의 세 가지 전략, 즉 소프트웨어 밸리, 교육 및 문화 변환, 에코 시티를 구체화하고 직접 지원하기 위한 장소의 하나로 자리 잡은 것이다.

메데진시 교육국 부국장 후안 다비드 아구델로Juan David Agudelo에 의하면 웨스턴 유니버시티 시타델은 앞으로 과학, 기술 및 혁신에 전념하는 공간으로서 4차 산업혁명 및 창조 산업과 관련된 교육 프로그램을 제공하게 된다. 이를 위해 플랫지Platzi, 구글, 마이크로소프트, 코세라Coursera 및 링크드인LinkedIn 같은 회사와 제휴를 맺고

콘텐츠를 개발할 예정이다. 이 시타델은 정규 대학교가 아니라 단기 교육과 취업 기회를 제공하는 전문학교로 운영된다.

여성교도소를 교육센터로 개조한 혁명적인 프로젝트는 무엇을 상징하는가? 마약과 폭력, 살인으로 점철된 역사에 종지부를 찍고, 도시의 회복력을 높이며 도시재생 및 산업혁신을 이끌어가는 이들의 노력을 보여준다.

이곳은 구글 지도에 새로 등재된 메데진의 새로운 '대학도시'인 것 같다. 사물인터넷, 블록체인, 인공지능 등 4차 산업혁명은 물론 건축, 시각 및 그래픽 아트, 디지털 애니메이션 등 예술을 중심으로 한 창조 산업을 동시에 가르치고 육성하는 성채citadel가 될 것이라 생각한다.

2021년 6월 24일에는 첫 번째 소프트웨어 밸리 센터CVS: Centro del Valle del Software를 산하비에르에 또 개장했다고 한다. 벽화 관광과 에스컬레이터 설치 등을 통해 도시재생 사업에 성공한 곳으로도 널리 알려진 지역이다. 첨단기술 장비, 프로토타입 실험실, 협업 작업 공간 등을 갖추고 있는 이 센터에 이어 2021년 말까지 산토도밍고 Santo Domingo, 산크리스토발San Cristóbal, 만리케Manrique 등에 11개의 소프트웨어 밸리 센터가 계속 문을 열었다. 다니엘 퀸테로 시장의 임기가 끝나는 2024년까지 메데진시 전역에 21개를 개장할 계획이라고 한다.

모든 소프트웨어 밸리 센터의 운영과 홍보는 공기업인 루타 에네가 도맡아 진행한다. 4차 산업혁명과 연계된 기술 커뮤니티, 지역사회 리더, 소규모 기업이 활동하게 될 센터는 해당 지역의 고용 여건을 개선하고, 창업을 촉진하며, 기술 기반 기업 육성에 역점을 기울일 계획이라고 한다. 이 사업에 메데진시에서는 4년 동안 2억 5000만 달러 이상을 투자할 계획이다. 이를 통해 디지털 산업의 생산성을 높이고, 4차 산업혁명을 촉진하여 수천 개의 고임금 일자리를 창출하는 것을 목표로 삼고 있다. 이 센터가 지역별로 모두 개장해 운영된다면 새로운 혁신의 거점들이 메데진시 전역에 탄생할 것이다.

6

감염병과
기후위기에 맞서는 법

세상은 모든 사람을 부러뜨리지만,
많은 사람은 그 부러진 곳에서
더욱 강해진다.

— 어니스트 헤밍웨이

지속가능한 도시로의 전환

기후 재해가 부른 북극의 폭염, 인류의 욕망이 불을 댕긴 아마존 화재, 대규모 정전 사태를 불러일으킨 텍사스 한파, 생물다양성 위기가 촉발한 코로나19 팬데믹, 방글라데시의 사이클론 '엄펀Amphan', 베트남 중부의 홍수, 중국의 주걱철갑상어 멸종 등 지구촌 전역에서 지난 2년 동안 발생한 10가지 재난이 기후위기와 생물다양성 위기를 매개로 서로 긴밀하게 연결된다는 유엔 산하 싱크탱크의 보고서가 최근에 나왔다. 독일 본에 위치한 유엔 대학 환경 및 인간안보연구소UNU-EHS의 〈상호 연결된 재해위험 2020/2021〉이 그것이다.

보고서는 현재의 지구촌 상황을 압축해 설명하는 의미심장한 문장으로 시작한다. "아무도 섬이 아니다. 우리는 서로 연결되어 있다. 우리의 행동은 우리 모두에게 결과를 가져온다. 우리가 점점 더 서로 연결될수록, 우리가 공유하는 위험도 점점 더 커지고 있다. 이런 위험을 관리하기 위해서는 위험이 상호 연결되는 이유와 방법을 이해해야 한다. 그래야만 적절한 해결책을 찾을 수 있다."

이 말은 도시에도 그대로 적용된다. 현재 우리가 직면한 도시 위기의 핵심은 생물 서식지의 훼손으로 촉발되는 감염병 위기와 기후변화인데, 특히 우리가 관심을 기울여야 하는 것은 기후위기 문제이다.

기후변화에 관한 정부간협의체IPCC의 제1워킹그룹이 작성한 기후변화 6차 평가보고서에 따르면 늦어도 2040년 이전에 지구 온도가 1.5℃ 상승할 것이라고 한다. 동시에 2050년까지 탄소중립을 달성하는 수준으로 온실가스 배출량을 최대한 감축한다면 21세기 말 지구 기온 상승 폭을 1.5℃로 제한할 수 있고, 기후 재앙도 줄일 수 있다고 말한다. 하지만 IPCC 보고서의 주 저자인 상파울루 대학교의 환경물리학자 파울루 아르타슈Paulo Artaxo는 로이터 통신과의 회견에서 "내 개인적인 생각에 온도 상승을 1.5℃까지 제한하는 일은 불가능할 것"이라고 말했다.

안토니우 구테흐스 유엔 사무총장은 공식 성명을 통해 "이번 IPCC 보고서는 인류에게 보내는 적색경보이며, 경보 알람이 귀청이 떨어질 만큼 크게 울리고 있다"며 "우리는 1.5℃라는 목표를 지켜내기 위해 결단력 있게 행동해야 한다"고 강조했다.

2021년 11월에는 영국 글래스고에서 제26차 유엔기후변화협약 당사국총회UNFCCC COP26가 열렸다. 이런 민감한 시점에 국제 기후행동 분석 전문 컨소시엄인 기후행동추적자CAT에서 EU와 36개 국가를 대상으로 기후행동을 평가한 보고서를 발표했다. 보고서에 따르면 이미 3년 전에 산불로 홍역을 치른 호주 같은 나라는 산업혁명 때보다 1.4℃ 정도 더 따뜻해졌다고 한다. 이렇게 빠르게 진전되는 지구

온난화를 보며 유엔기후변화협약 사무총장 파트리시아 에스피노사 Patricia Espinosa는 "우리의 현재 행로는 눈을 가린 채 지뢰밭으로 걸어 들어가는 것"이라고 말한다. 지구 온도가 3℃ 더 높아진다면 우리 도시는 어떻게 변할까? 생각만으로도 끔찍한 일이다.

호주 과학아카데미가 2021년 3월 〈3℃ 더 따뜻해진 세계가 호주에 미칠 위험〉이란 제목의 보고서를 발표한 적이 있다. 앞으로 호주 도시들이 어떤 변화를 겪게 될지 개략적으로 서술되어 있는데, 콜롬비아도 크게 다를 것 같지는 않다. 폭염, 심한 폭풍, 대홍수, 산불 및 해수면 상승으로 인한 해안 침수와 같은 기상 이변의 위험은 계속 증가하고 있고, 기온이 2℃ 이상 상승한다면 그 빈도나 강도는 더욱 강력해질 것으로 보인다. 특히 해안 저지대에 입지한 건축물과 인프라는 금세기 말까지 해수면이 1m 이상 상승함에 따라 범람의 위험에 놓이게 된다. 호주의 경우는 여기에 포함되는 부동산 숫자만도 16~25만 개에 이른다고 한다.

또한 대부분의 도시는 기후변화로 인해 심각한 에너지 위기를 맞을 수도 있다. 극심한 더위, 산불 및 폭풍은 발전소와 기반시설에 엄청난 부담과 피해를 주는 동시에 에어컨 수요를 키워 에너지 소비를 크게 늘린다. 그리고 수소차나 전기차 보급이 늘면서 전력 수요가 평균 10~20% 늘어나게 된다.

게다가 기후위기에 대한 시민의 인식 변화로 보험과 금융 부문 상황도 완전히 달라질 것으로 보인다. 보험회사는 홍수, 태풍, 가뭄, 산불 등으로 인한 기후 재해 때문에 보상액이 갈수록 급증하여 경영 위기에 내몰릴 수 있다는 경고까지 나오고 있다. 일부 부동산 소유자는 2030년에 이르면 사실상 감당할 수 없는 보험료 인상에 직면할지도 모른다고 한다.

그렇다고 도시에 기후위기 해법이 전혀 없는 것은 아니다. 고밀도 도시 생활은 '탄소발자국', 즉 온실가스 배출량을 낮추고 혁신적인 솔루션을 구현하기가 더 쉽다. 하지만 2020년 1월부터 코로나19 바이러스로 인한 감염병 위기가 심화되면서 3밀(밀집·밀접·밀폐) 문제를 푸는 것이 도시정부의 중요한 과제 중 하나가 되었다. 국제사회에서는 두 문제를 함께 해결하려는 다양한 논쟁과 함께 창의적인 대책과 전략이 계속 제시되었다. 이제부터 그것들을 한번 살펴보자.

국제 재생에너지 비영리단체인 REN21에 따르면 2020년 말 현재 세계 전역에서 기후비상선언을 한 도시는 1852개인데, 그중에서 선언만 한 곳이 약 81%인 1493개이다. 이에 반해 기후행동계획을 가지고 있는 도시가 약 9.2%인 170개이고, 재생가능에너지로 전환하려는 목표를 가지고 있는 도시는 6.9%인 128개, 두 가지를 모두 가지고 있는 도시는 3.3%인 61개라고 한다. 탄소중립을 위해 애쓰는 도시가 지구촌 전체를 놓고 볼 때 채 20%가 되지 않는다.

이런 노력을 선도하는 도시도 대부분 유럽에 있고, 다음으로는 북미와 오세아니아의 일부 도시가 참여하고 있다. 유럽연합 집행위원회EC에서는 2030년까지 100개의 기후중립도시climate neutral city를 조성할 수 있도록 체계적 변화를 지원하고 촉진할 예정이라고 한다. 각 나라 차원에서도 기후중립도시를 만들기 위한 노력이 본격적으로 시작되었는데, 스페인은 4개 도시(마드리드, 바르셀로나, 세비야, 발렌시아)를 2030년까지 기후중립도시로 만들기로 했다.

국제사회에서도 각기 다양한 방식으로 나서고 있다. 암스테르담은 케이트 레이워스Kate Raworth가 창안한 도넛경제학을 모델로 탄소중립도시를 만들려고 노력하고 있다. 파리는 '15분 도시ville du quart d'heure' 계획을 모델로 코로나19 바이러스 같은 감염병 위기 상황에서도 도시기능이 유지되고, 기후위기에도 능동적으로 대응할 수 있도록 하는 도시개발 사업을 추진하고 있다. 카를로스 모레노Carlos Moreno가 창안한 이 계획은 '도보로 15분, 자전거로 5분' 내의 거리에서 시민들의 모든 일상생활이 가능하도록 만드는 것이다. '15분 도시'는 네 가지 기본 원칙(생태, 접근성, 연대성, 참여) 아래서 도시를 재구조화하면서 친환경적이고 지속가능한 도시로 전환시켜가는 사업이다. 도시의 리듬은 자동차가 아닌 인간을 따라야 하고, 각 구역은 다양한 용도로 사용되어야 하며, 동네(마을)는 우리가 생활하고 번창할 수 있도록 유기적으로 설계되어야 한다는 데 특징이 있다.

앞서 소개한 두 가지 사례는 도시 기후 리더십 그룹C40에서 기후위기와 코로나 위기에 대응하는 주요 전략으로 공식적으로 권고하는 것들이다. 최근에는 라틴아메리카에서까지 이들 모델을 준거로 넷제로net-zero로 가는 길을 모색하는 도시들이 점차 늘고 있다. 콜롬비아 수도 보고타에서는 30개 지구에 '20분 도시'를 조성할 예정이란다. 2021년 하반기에 클라우디아 로페즈Claudia López 시장이 시의회로부터 토지관리계획POT을 승인받고 본격적으로 사업을 추진하고 있다. 보고타에서는 대중교통, 자전거 또는 도보로 20분 안의 거리에서 돌봄, 여가, 문화, 교육, 고용 같은 일상적인 서비스가 제공될 수 있도록 할 계획이다. 이를 위해 시설, 경제적 구조, 공공 서비스, 모빌리티를 중심으로 14개 항목에 대해 접근성을 평가하여 30개 지구를 획정했고, 추진계획도 종합적으로 마련했다. 평원에 입지한 지구는 5km 내에서, 언덕에 입지한 지구는 2.5km 정도 내에서 일상적인 서비스를 받을 수 있게 된다고 한다. '20분 도시'를 스페인어로는 '바리오 비탈Barrio Vital'이라고 부르는데, '살기 좋은 지구地區'라는 뜻이다.

보고타와 함께 C40의 회원 도시이기도 한 메데진은 감염병과 기후위기를 동시에 극복하기 위해 어떤 노력을 하고 있을까? 지금부터 메데진에서 추진하고 있거나 계획 중인 전략들을 소개해보기로 한다.

코로나19 바이러스와의 전쟁

'집에 머물라'는 방역당국의 요구는 단순하고 쉬운 주문 같지만, 가난한 이들에겐 너무나 어려운 일이다. 슬럼이나 다름없는 주거지에 사는 빈민들은 부자들이 사는 지역에 가서 가사 도우미를 하거나 길거리에서 구걸을 하고 노점상이라도 하지 않으면 생존 자체가 거의 불가능하다. 내가 두 차례나 방문했던 메데진의 산토도밍고사비오나 산하비에르 같은 바리오의 사정은 어떨까? 2020년 6월 13일 자《뉴욕타임스》와 〈보이스 오브 아메리카Voice of America〉 보도를 보니 코로나 위기를 초기에는 잘 극복한 것 같다.

다니엘 퀸테로 시장은 취임 몇 주 만인 1월 말에 코로나19 바이러스 대책 회의를 시작했다. 한국의 중앙정부나 지자체가 본격적으로 대응한 시점보다도 이른 시기에 선제적으로 코로나 위기에 대응하기 시작한 것이다. 일부에서는 당시 중국에서 유행 중인 바이러스를 미리 걱정하는 것은 쓸데없는 일이라고 여기기도 했다.

메데진은 라틴아메리카에서 최고의 공중 보건 시스템을 가졌을 뿐더러, 시민들에 대한 정보는 물론 빅데이터도 가장 많이 보유하고 있는 도시 가운데 하나이다. 하지만 대부분의 라틴아메리카 도시들처럼 인구 밀도가 높고, 특히 빈곤층 대부분은 사회적 거리 두기를 실천하기 곤란한 거주지에 살고 있다. 이런 환경 탓에 메데진에서 코로나19 확산을 막는 것은 거의 불가능했다.

퀸테로 시장은 많은 주민이 검진을 받고 자가 격리를 하려면 음식과 현금이 필요하다는 사실을 누구보다 잘 알고 있었다. 그는 자신의 기술적 배경을 활용하여 창의적인 앱을 하나 개발했다고 한다. 시민들이 앱을 통해 가입하고 도움을 요청하면 지원을 해주는 '메데진이 나를 돌봅니다Medellín Me Cuida'라는 앱을 운영하기 시작했다. 메데진과 그 주변 지역에 사는 130만 가구(325만 명)를 참여시켰고, 시민들은 앱에 가입한 후 음식은 3회, 현금은 2회씩 지원받았다. 이런 메커니즘 덕에 시민들은 돈을 벌거나 음식을 사러 가지 않고 대부분 실내에 머물 수 있었다.

의료진은 감염이 의심되는 사람을 집에서 테스트하고, 양성 반응을 보이는 사람에게는 무료 산소 농도계를 제공했다. 혈액의 산소 수준이 떨어지면 간호사가 가정에 산소를 공급하고, 개선되지 않은 사람들은 병원으로 이송했다. 앱은 양성 반응을 보인 사람과 접촉했을 가능성이 있는 사람을 신속하게 추적하는 데도 핵심적인 역할을 수행했다.

메데진시의 이런 창의적인 방역대책 덕분에 팬데믹 시작 후 몇 달 동안 도시 전체에서 확진된 사례는 741건에 불과했고, 집중치료실에 입원한 환자는 10명뿐이었다. 초기 방역에 성공한 덕분에 바이러스로 인한 사망자는 다른 지자체에 비해 월등히 적었다.

이런 사정은 1년이 경과하면서 크게 바뀌었다. 메데진이 매일

1000명 이상의 새로운 감염 사례를 등록하며 코로나19 바이러스의 진원지로 변모한 것이다. 2021년 4월에는 응급의료 체계가 붕괴되어 대부분의 중환자실이 꽉 찼다. 메데진의 의료기관은 시와 주 정부에 의료 위기를 선언하고 봉쇄 조치를 다시 시행하며 인도적 지원을 강화하라고 촉구했다. 그러나 이런 요청은 대부분 무시되었다. 정부가 개인 책임에 대한 이야기를 계속하며 시민 규율의 부족과 전염병 피로가 재난을 초래했다고 주장하는 동안, 의료 종사자들은 정부의 바이러스 퇴치 실패로 감염이 급속하게 증가했다고 그 책임을 돌렸다.

이런 불필요한 논쟁을 거치며 4월 말과 5월에 이르자 전국적으로 반정부 시위가 계속되었고 메데진에도 수천 명의 군중이 모였다. 이반 두케 대통령이 제안한 전염병 관련 세금 인상으로 시위가 촉발되었지만, 두케가 제안을 서둘러 폐기한 후에도 시위는 계속되었다. 경찰의 폭력적인 진압으로 악화된 시민 소요는 정부가 전염병 기간 동안 증가하는 빈곤과 불평등에 대처할 능력이 없다는 일반적인 불만에서 비롯된 것이다.

도시 회복력과 그린벨트

"세상은 모든 사람을 부러뜨리지만, 많은 사람은 그 부러진 곳에서 더욱 강해진다." 어니스트 헤밍웨이가 한 말이다. 여기에 가장 적합한 도시를 꼽으라면 나는 주저하지 않고 메데진을 들 것이다.

메데진은 마약과 살인, 테러로 엄청난 아픔과 고통을 겪은 도시다. 또한 2010년까지는 산사태로 많은 사람들이 매몰돼 죽는 일이 계속되었다. 재해의 역사적 기록을 살펴보면, 지난 100년 동안 사망자가 10명이 넘는 산사태만 10차례 일어났고, 854명이 목숨을 잃었다. 그 가운데 4차례의 대형 산사태로 인해 죽은 시민들 수만 750명이나 된다.

이런 경험 때문에 메데진은 시민의 안전을 보장할 수 있는 회복력 있는 도시를 만드는 것이 중요한 정책과제 중 하나였다. 시에서는 록펠러 재단의 후원을 받아 '회복력 있는 메데진Resilient Medellín' 계획을 수립하고 지속적으로 추진해오고 있다. 그들은 평등한 메데진, 안전하고 평화로운 메데진, 지속가능하고 위험에 대비하는 메데진, 잘 알고 일하는 메데진 등 네 가지 목표 아래 세부 실천계획을 수립·실행하고 있다. 그래선지 2010년 이후에는 주목할 만한 자연재해가 거의 없다.

도시의 회복력을 높이기 위한 사업 가운데 가장 중요한 것은 무엇일까? 도시를 둘러싼 아부라 계곡의 경사면에 자리한 75km 길이의 공원 '하르딘 시르쿤발라르 데 메데진Jardín Circunvalar de Medellín'이다. 메트로폴리탄 그린벨트란 뜻의 이 공원은 도시의 무분별한 확산을 막고 자연재해를 줄이는 것을 목표로 한다.

콜롬비아는 기후변화에 취약한 나라이다. 열대지역인 데다가 엘니뇨·라니냐 현상이 자주 발생한다. 메데진 또한 기후 변동성이 커서 기후변화에 민감하다. 아부라강과 주변 하천, 산지의 영향으로 산사태와 홍수 같은 위험이 상존한다.

메트로폴리탄 그린벨트는 자연재해에 대한 방어막 역할을 함으로써 메데진시가 기후변화에 적응하도록 도와준다. 시민들에게 새로운 레크리에이션, 교육, 스포츠 및 지역사회 회의 시설을 제공하는 것 외에, 녹지대 지역이 자연보호 구역으로 지정되기 때문에 공원은 도

하르딘 시르쿤발라르 데 메데진 안내도
상단의 문구는 "우리는 자신의 도시를 알고, 건설하고, 변화시키는 시민들을 훈련시킵니다"라는 뜻이다.

시의 무분별한 확장을 제한하는 데도 크게 기여한다.

또한 이 프로젝트는 공원에 태양광 패널을 설치하여 도시의 에너지 효율을 높이는 것을 목표로 한다. 그리고 시민의 이동성을 촉진하기 위해 보도 및 자전거도로와 케이블카 시스템 2개를 건설했다. 메트로케이블이라 불리는 이 케이블카는 도시의 통합 교통 시스템과 연결된다. 또 공원 내의 수목 재배 프로그램은 배출된 탄소를 흡수한다. 이와 병행해 고형 폐기물의 통합 관리를 위한 프로젝트와 (온실가스 감소 등의) 녹색 관행을 장려하는 환경 교육 프로그램을 진행한다.

공공장소를 복구하고 개선하는 사업은 스포츠 연습 같은 지역사회 레크리에이션 활동 및 야외 교육에 필요한 시설을 마련해준다. 그리고 주거 전략의 하나로 추진되는 '지속가능한 마을Barrios Sostenibles'은 환경 위험을 방지하기 위해 고위험 지역에 위치한 주택을 이전하고 재정착시키는 것을 목적으로 한다.

'하르딘 시르쿤발라르 데 메데진'을 홍보하는 포스터의 글귀도 인상적이다. "우리는 도시를 알고, 건설하고, 변화시키는 시민을 양성합니다." 포스터의 그림을 보면 생활도로와 도시산책로가 다양하게 구비되어 있고, 생태공원 4개와 개방형 환경 교실 1개, 지속가능한 마을 4개소가 마련되어 있다. 그리고 2개 노선의 메트로케이블과 연결형 생활공원 또는 생활단지라 불리는 우바UVA가 2개 조성되어 있다. 두 우바 중 하나인 '동쪽의 태양 우바UVA Sol de Oriente'의 옥상에는 축구경기장이 있고, 핸드볼과 농구 등을 할 수 있는 실내 경기장도 있다. 이런 경사지에서 자연 지형을 최대로 활용해 도시 빈민들이 육체적 활동을 할 수 있도록 스포츠 시설을 마련해놨다는 사실이 그저 놀랍기만 하다. 디자인 면에서도 국제적으로 호평을 받는 건축물이다.

'메트로폴리탄 그린벨트' 프로젝트가 완성되면 일부 지역에서는 (쓰레기 투기장을 환경적으로 재생했던) 모라비아 언덕에서처럼 '녹색 젠트리피케이션green gentrification'이 이뤄질 가능성도 있다. 이런 부작용이 어느 정도 예상된다 하더라도 자연재해를 예방하면서 도시의 회복력을 높이는 일이 메데진의 가장 커다란 숙제 가운데 하나인 탓에 사업 자체를 막연히 반대하기도 어려울 것으로 보인다.

2019년 10월에 덴마크 코펜하겐에서 열린 'C40 세계 시장정상회의'에서 C40와 블룸버그 자선재단(미국)이 최고의 기후변화 프로젝트에 상을 수여하는 특별한 시상식이 있었다. 'C40 블룸버그 자선재단 어워드'에는 기후 회복력, 녹색 교통, 재생에너지, 시민참여, 대기질, 혁신, 녹색기술 활용 등 7개 분야가 있는데, 서울시가 '태양의 도시, 서울' 사업의 성과를 인정받아 '재생에너지' 분야에서 수상했다. 그리고 메데진(기후 회복력), 인도 콜카타(녹색 교통), 가나 아크라(시민참여), 런던(대기질), 샌프란시스코(혁신), 광저우(녹색기술 활용) 등이 함께 수상을 했다.

내가 특히 관심을 가진 것은 메데진의 사례였다. 메데진은 도시

모라비아 언덕의 변화 모습

전역에 식물 네트워크를 설치하여 도시 생물다양성을 개선하고, 도시의 열섬 효과를 줄였으며, 대기오염 물질을 흡수하고 이산화탄소를 많이 포집한 공로를 인정받았다. 우리보다 소득 수준이 낮은 메데진 같은 도시들도 이렇게 공격적으로 기후변화에 대응하는 노력을 하고 있는데, 우리 도시들은 도대체 무얼 하고 있는지 잘 모르겠다.

세계적인 생물다양성 도시

오늘날 350개 이상의 주요 도시가 35℃ 이상의 여름철 평균 최고기온을 경험하고 있다. 2050년까지 이 숫자는 970개 도시(인구 16억 명)로 확대될 수 있다고 한다. 기후변화는 (보통 35℃ 이상으로 정의되는) 극심한 폭염 가능성을 높이고 있다. 이는 그늘에서 쉬는 건강한 사람들에게도 치명적일 수 있다. 최근 맥킨지가 예측한 물리적 기후위험에 대한 분석을 보면 2030년에는 1억 6000만 명에서 2억 명의 사람들이 치명적 폭염에 직면할 수 있다. 경제적 비용도 만만치 않다. 의학 전문지 《랜싯Lancet》은 2019년 극심한 폭염으로 전 세계적으로 3020억 시간의 노동시간이 손실된 것으로 추정했다. 폭염의 강도와 피해 규모도 우리 예상보다 커지고 있다.

이에 대해 많은 도시들이 다양한 노력을 기울이고 있다. 메데진시는 2016년부터 도시 전체에 녹지 네트워크를 구축하기 위해 녹색 회랑Corredores Verdes 프로젝트를 시작했다. 3년간 8800그루의 나무와 야자수를 심어 평균 기온을 2℃ 정도 낮췄고, 열섬 효과도 획기적으로 줄였다.

녹색 회랑 프로젝트는 18개의 주요 거리, 12개의 협곡(개울 유역), 그리고 누티바라Nutibara, 엘볼라도르El Volador와 라아소마데라La Asomadera 언덕을 유기적으로 연결해 건강한 자연생태계를 도시 속에 완전히 복원하는 사업이다. 또 미세먼지 포집과 대기질 개선, 생물다양성 보존, 식물 종 증가는 물론이고 보행자 안전 증대, 가로변 소음 저감 등 다양한 효과를 거둔 것으로 알려졌다. 특히 오리엔탈 거리는 가로 경관이 획기적으로 개선되었다.

이 프로젝트가 내 눈길을 사로잡은 것은 자연에 기반을 둔 창의적인 아이디어 때문만은 아니다. 경제적으로 열악한 배경을 가진 75명의 시민을 정원사와 농장 기술자로 훈련시켜, 이들이 65헥타르의 면적에 8800그루의 나무를 심는 데 일조했다는 사실을 빼놓을 수가 없다. 메데진이 생태도시로 거듭나고 있는 것이다.

2장에서 언급했듯이 '사회적 도시계획'에 기반을 둔 도시철학은 그 실천에서 생태학적 고려가 다소 부족했다는 사실 또한 지적하지 않을 수 없다. 이에 대한 보완은 2016년에 취임한 페데리코 구티에레즈 시장 때부터 본격적으로 추진되었다.

그가 역점 사업의 하나로 실행한 30개의 녹색 회랑 프로젝트가 2019년 7월에 영국 런던에서 열린 기후행동 주간에 높은 평가를 받아 '애시든 상Ashden Awards'을 수상했고, 그 후에도 지속적으로 생태 네트워크 구축 사업이 추진되고 있다. 이 프로젝트는 '당신을 위한 녹색 메데진Una Medellín verde para vos' 계획의 일환으로 추진하는 것이다.

요즈음 국제사회에서는 생물다양성을 높이면서 도시 폭염과 열섬 현상을 완화하기 위한 생태 네트워크 구축 사업이 유행하고 있다. 기후변화에 대한 적응 계획으로서도 큰 의미가 있다. 바르셀로나는

오리엔탈 거리의 프로젝트 시행 전(상단 왼쪽)과 이후 모습

2037년까지 나무 덮개를 5% 증가시켜 도시 지표 면적의 30%를 나무로 덮는 '바르셀로나 나무 마스터플랜Master Plan for Barcelona's Trees' 계획을 수립해 체계적으로 추진하고 있다.

우리의 경우 아무리 생각해봐도 제대로 준비하고 있는 지자체가 거의 없는 것 같아 안타깝기만 하다. 기후위기를 극복하기 위한 녹색 도시 조성 사업에 메데진처럼 좀 더 공격적으로 나서야 할 때가 아닌가 하는 생각이 든다.

녹색회복을 위한 생태도시 전략

한국에서는 지자체마다 지역사회 기반형 그린 뉴딜이나 로컬 뉴딜을 추진하겠다고 도처에서 난리다. 발표 내용을 보면 기존에 해오던 사업들을 헤쳐 모아 정렬하는 방식으로 추진하는 것 같다. 이와 달리 메데진에서는 코로나19로 인한 위기와 기후 비상상황을 극복하기 위해 녹색 회복 전략을 채택했다. 목표는 '생태도시' 추진에 있다.

지금 메데진은 코로나19 팬데믹 이후의 경제 회복을 본격적으로 준비하고 있다. 2030년까지 탄소 배출량을 2015년에 비해 20% 줄이는 것을 목표로 설정하고, 교통 부문에 중점을 두어 실행계획을 수립했다. 시 관계자의 발표에 따르면, 퀸테로 시장의 임기가 끝나는 2023년까지 자전거 전용도로를 145km까지 확장하여 현재보다 50% 늘리고, 2030년까지 메트로, 트램, 메트로플러스Metroplús, 메트로케이블 등 상호 연결된 대중교통 노선을 2배 이상 늘려 26개로 만들 계획이다. 또한 주민들이 값싸게 탈 수 있는 5만 대의 전기자전거를 제공하고, 2030년까지 모든 대중교통 수단을 전기화하는 것을 목표로 설정했다. 첫 단계로 현재 65대인 전기버스를 2023년까지 130대로 늘리고 전기자동차 충전소도 증설하는 등 광범위한 변화를 준비하고 있다.

마약 팬데믹drug pandemic을 이겨낸 경험을 토대로 새롭게 대두되는 바이러스와 기후위기에도 잘 대처할 것이라고 퀸테로 시장은 말한다. 메데진의 비공식 부문에서 일하는 사람들 중 절반이 노점상이나 청소 같은 허드렛일로 생계를 유지하고 있고, 많은 도시 빈민들이 슬럼이나 다름없는 산자락의 바리오에서 생활하고 있다. 우리의 상상을 넘어설 정도로 불평등과 빈부격차가 심각한 상태이다. 퀸테로 시장은 "오늘날 바이러스는 80년대와 90년대의 폭력으로 인해 강하게 타격을 입은 저소득 부문에 또 강한 타격을 가하고 있다. 그래서 우리는 이 문제를 푸는 것을 새로운 변화에 대한 긴급한 요구로 이해하고 있다"고 말한다. 메데진의 포스트코로나 전략도 경제·사회적 약자와 그들이 사는 바리오를 배려하는 일에서부터 출발하겠다는 것을 시사하는 말이다.

이와 병행해 녹색 회복 전략과 연계된 디지털 기술 중심의 일자리를 창출하기 위한 교육사업에도 집중적으로 투자할 계획이라고 한다. "교육을 통해 우리는 변화할 수 있다. 이를 매개로 지구를 보호할 수 있는 개인과 집단의 책임감을 심어야 한다. (⋯) 우리는 소년, 소녀, 청소년을 세계의 새로운 현실에 연결하는 교과 과정 변화에 대해 지금 이야기하고 있다"고 퀸테로 시장은 말한다. 40대의 젊은 나이에 행정 경험도 많지 않은 사람이 노회한 정치인들도 쩔쩔매는 코로나 위기 상황 앞에서 한 말이라고는 도저히 믿기지 않는다.

그가 팬데믹 이후에 계획하고 꿈꾸는 메데진의 미래는 메데진을 서로 더욱 긴밀히 연결되고, 녹색이 더욱 짙어지며, 기술이 더욱 발전한 스마트 시티인 '생태도시'다. 전임 시장 때부터 추진해온 '메데진강공원Parques del Río Medellín'을 뼈대로 한 녹지축 개발과 확대가 어떻게 진전될지도 기대된다.

파리 협약에 호응하기 위한 기후행동계획

건강한 지구를 지키는 것은 우리 사회의 가장 큰 도전이다. 전문가들은 기후위기도 앞으로 대유행이 될 것이라고 말한다. 기후가 사회와 생물다양성에 미치는 부정적인 영향은 논쟁의 여지가 없으므로 지금 우리는 그것을 바로잡아야 한다. 메데진에서는 특유의 회복력과 혁신을 통해 지구에 대한 약속을 강화해왔다. 메데진은 C40 기후변화 선도 도시 네트워크C40 Network of Leading Cities in Climate Change에 가

메데진강 공원 계획

입해 있으며, 기후행동계획CAP을 수립하기 위한 기술자와 전문가 팀을 보유하고 있다. 또 기후관리센터Centre for Climate Management를 갖추고 있다.

오늘날 메데진은 팬데믹 위기를 극복하기 위해 공정하고 친환경적인 회복 전략을 마련해놓고 있으며, 파리 협약에 따라 평균 기온 상승 폭을 1.5℃ 미만으로 유지하기 위한 세계적인 연대 운동에 동참하고 있다. 2030년까지 온실가스 배출량을 크게 줄이고 2050년까지 탄소중립도시carbon neutral city가 될 것을 국제사회에 천명한 바 있다. 도시 기후 리더십 그룹의 지원을 받으며 탄소중립도시를 건설하고 기온 상승과 강수량 변화의 영향에 대처할 로드맵을 작성하기도 했다.

메데진시는 도시 기후 리더십 그룹에서 정의한 지침과 모범 사례를 기반으로 2021년에 기후행동계획Plan de Acción Climática: Medellín 2020-2050을 작성·발표했다. 2050년까지 탄소중립도시를 만들기 위해 2030년까지 기준연도인 2015년에 비해 37%의 온실가스를 감축하기로 했다. 이를 위해 포괄적인 기후 조치와 완화 및 적응 전략을 마련했고, 7개 부문에 걸쳐 총 33개 행동계획을 수립해 실천하기로 했다.

메데진의 기후행동계획을 살펴보면 한국의 도시들과는 현저한 차이점을 하나 찾을 수 있다. 메데진은 온실가스 인벤토리를 제대로 작성해 발표했고, 기후위험 지도를 구체적으로 작성해놓고 있다. 한국의 기후행동계획이나 탄소중립 기본계획에서는 찾아볼 수 없는 내용이다.

메데진은 가장 취약한 커뮤니티와 중요한 기반시설에 대한 평가, 매핑, 강우 분포 및 영향 등에 대한 종합적인 분석을 통해 홍수, 집

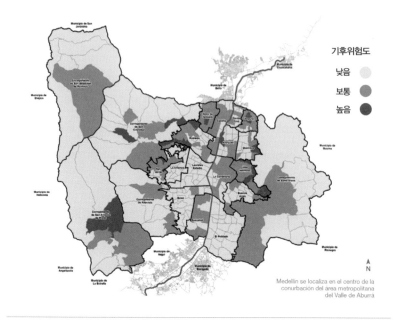

Medellin se localiza en el centro de la
conurbación del área metropolitana
del Valle de Aburrá

메데진의 기후위험 지도

중 호우, 산사태, 식생 화재 및 도시 열섬 효과 등에 대한 위험 평가를
수행했다. 기후위험 평가는 인구 및 기반시설의 물리적 노출, 삶의 질,
소득, 기본 서비스에 대한 접근성, 연령 분포 및 도시의 질과 관련된
다양한 지표를 참조해 이루어졌다.

　위험 분석을 통해 기후변화의 영향을 가장 크게 받는 지리적 공
간을 식별할 수 있었다. 예컨대, 강수 증가로 집중 호우나 산사태의 위
협이 초래되는 변두리의 비공식 정착지 또는 최근 점거된 정착지에는
더 큰 취약성과 위험이 있는 것으로 나타났다. 이 지역은 온도 상승으
로 인해 산불이나 화재가 발생할 위험이 더 크고 민감한 것으로 드러
났다. 그리고 공공 공간이 없어 지표 온도가 높은 고밀도 지역, 특히
코무나5(카스티자Castilla)와 코무나15(과야발Guayabal)의 산업 지역에

서는 핫스팟이 발생했다.

최근 '탄소정보공개프로젝트CDP'에서는 기후변화 대처에 앞장서는 선도 도시를 발표했다. 2021년도를 기준으로 할 때 A등급을 받은 도시는 95개로, 여기에는 약 1억 800만 명이 살고 있다고 한다. 이는 전 세계 도시 거주 인구 42억 명 중 극히 일부만 기후변화에 대응할 준비가 되어 있다는 뜻이다.

A등급을 받으려면 도시 전체의 배출량 인벤토리를 가지고 있어야 하고, 미래의 배출량 감소 목표와 재생 가능 에너지 목표를 설정해둬야 한다. 그리고 기후행동계획 발표는 물론 기후위험 및 취약성 평가를 완료하고, 또 기후위험에 대처할 수 있는 기후적응계획을 가지고 있어야 한다. 여기에다 야심 차지만 현실적인 목표를 달성하기 위한 구체적인 성과가 있어야 하는 것으로 알려져 있다. 메데진시는 탄소정보공개 프로젝트로부터 이번에 A등급을 받아 국제적으로 그 성과를 인정받았다. 한국의 광역자치단체와는 달리 국제사회에서 기후 리더십을 인정받는 대표적인 도시인 것이다.

7

시클로비아 :

건강도시 보고타, 메데진과 세계를 잇다

도로는 자동차만
사용하는 공간이 아니다.
걷거나 뛰는 사람,
자전거나 인라인스케이트를 타는 사람이
나눠 쓰는 공유공간이다.

시클로비아처럼 도로를 비우는
인식의 대전환이 필요한 때다.

보고타의 도시정책 성공 사례

지난 반세기 동안 라틴아메리카의 몇몇 도시들은 진보적인 계획가와 전문가들 사이에서 깊은 관심을 끌고, 도시정책의 성공적인 모델로 인정을 받았다. 세계적인 생태도시 꾸리찌바,[11] 참여예산제로 유명한 뽀르뚜알레그리Porto Alegre,[12] 식량권을 가장 중요한 인권의 하나로 선포한 벨루오리존치Belo Horizonte, 선도적인 공공 공간과 교통정책 모델을 제시한 콜롬비아의 보고타 사례를 들 수 있다.[13] 그리고 최근에는 사회적 도시계획 정책으로 국제사회에서 가장 뜨거운 도시 가운데 하나로 급부상한 메데진이 있다.

이들의 유명한 도시정책 가운데 하나가 보고타에서 시작한 시클로비아Ciclovía(도시 자전거 타기와 육체적 운동을 촉진하기 위해 매주 거리를 폐쇄하는 프로그램)이다. 시클로비아는 약 20년 동안 전 세계에서 확대되어왔다. 2013년 현재 27개국 496개 도시에서 시행되고 있다. 이 프로그램은 대도시에서 비교적 작은 도시에 이르기까지 다양한 도시에서 이루어지고 있다. 모든 정규 프로그램의 93%를 차지하는 라틴아메리카 국가에서 가장 빠른 확장이 이루어졌고, 그중 약 90%가 2000년부터 시작된 것으로 보고되었다.[14]

지금부터 시클로비아의 기원을 먼저 살펴보고, 보고타시에서 제도화된 과정을 간단히 소개해보고자 한다. 더 나아가 시클로비아의 세계화를 추동한 인물과 주체들에 대해 언급해볼까 한다.[15]

1990년 초에 디스토피아와 공포의 도시로서 알려졌던 보고타는 10년 내에 도시계획의 세계적 모델이 되었다. 2006년 베니스 건축 비엔날레Venice Architecture Biennale에서는 보고타에 유명한 황금사자상Golden Lion Award을 수여했고, 다음 해에는 미국계획협회APA: American Planning Association가 〈보고타의 기적〉이라는 제목 아래 기조 강연World Planning Keynote Address을 했다. 비엔날레의 공식 웹사이트에는 다음과 같이 적혀 있었다. "보고타시는 눈이 즐거울 뿐 아니라 경제적으로 실용적이고, 사회적으로도 포용적인 거리의 모델을 제공한다. 간단히 말하면 보고타는 부자이든 가난한 사람이든 다른 도시들에게 희망의 횃불이다."

1990년대와 2000년대 초에 보고타의 변화는 공공 공간, 대용량의 첨단화된 버스 교통과 자전거 교통, 그리고 2차례(1995~1997, 2000~2003)나 보고타 시장을 지낸 안타나스 모쿠스Antanas Mockus가 제시한 개념인 '시민문화cultura ciudadana'에 기반을 둔 교육의 촉진 등을 통해 이루어졌다. 약 10여 년에 걸친 이 기간을 보고타의 황금기라 부른다. 이때 보고타가 국제사회에 널리 알려졌고, 지구촌의 많은 도시들 사이에서 지속가능한 도시개발의 틀로 자리 잡게 되었다.

보고타에서 실험된 여러 도시정책 가운데 가장 성공적인 사례는 무엇일까? 미국의 교통개발정책연구원ITDP이 측면에서 적극 지원한 간선급행버스체계BRT, 즉 버스에 철도 같은 운영 개념을 도입하여 통행속도, 정시성, 수송 능력 등 버스 서비스를 도시철도 수준으로 대폭 향상시킨 저비용·고효율의 첨단 대중교통 시스템일까? 아니면 세계 전역에 가장 많이 수출한 시클로비아일까? 내가 보기에는 기후 비상사태에 직면해 있는 우리 실정에 비추어볼 때 가장 시사하는 바가 큰 사업은 시클로비아가 아닌가 한다.

시클로비아는 보고타에서 약 120km의 도로를 오전 7시부터 오후 2시까지 자동차가 통행하지 못하도록 막고 자전거나 인라인스케이트, 롤러블레이드를 타는 사람들과 보행자들이 이용하도록 배려하는 혁신적인 프로그램이다. 다양한 레크리에이션 활동과 병행해 추진하는 시클로비아는 도로 연장과 이용자 수 면에서 볼 때 세계 최고 수준에 해당한다. 인구가 2019년 7월 현재 약 795만 명인 보고타에서 매주 일요일 시클로비아에 참가하는 인원은 170만 명에 이른다. 이는 네덜란드의 수도 암스테르담과 벨기에의 수도 브뤼셀 인구보다 많은 것이다. 45년이 넘는 역사를 가진 보고타의 시클로비아는 2001년 이후에 멕시코의 과달라하라를 비롯해 뉴욕, 로스앤젤레스 등 세계의 수많은 도시에서 다양한 형태로 모방, 운영되고 있다.

시클로비아의 기원

시클로비아는 3명의 젊은 자전거 마니아들이 만든 자전거 단체인 프로-시클라Pro-cicla가 1974년 12월 15일에 보고타에서 시작한 실험에서 비롯되었다. 이들은 당시 보고타의 급속한 스프롤형 성장에 대해 어떻게라도 저항하고 싶었다. 프로-시클라는 개인적 연줄을 동원해 2개의 주요 간선도로(카레라7과 카레라11)에 있던 80개 블록에서 자동차 통행을 금지하고 행사를 치를 수 있도록 보고타시 교통국과 도시계획국의 동의를 얻어내는 데 성공했다. '위대한 페달의 데모La Gran Manifestación del Pedal'라고 이름한 이 행사에는 약 5000명이 참가했다. 같은 날 프로-시클라 회원들은 보고타 시민에게 앞으로 자전거의 역할을 알려줄 잡지인 《페달의 힘The Power of Pedal》 창간을 발표했다. 하지만 이런 이벤트는 약 1년 후인 1975년 12월 14일에야 다시 열릴 수 있었다.

두 번의 실험적인 이벤트가 개최된 후 시클로비아의 제도화를 이루는 직접적인 계기가 마련되었다. 성과를 거두는 데 산파 역할을 담당한 주요 인물은 프로-시클라 창립자 3명 중 하나인 하이메 오르티즈Jaime Ortiz였다. 그는 예수회가 운영하는, 가장 오래되고 전통 있는 콜롬비아의 명문 사립대학 하비에르 가톨릭주교대학교Pontificia Universidad Javeriana의 건축학 교수였고, 유명한 자전거 상점 알마세네스 시클로페디아Almacenes Ciclopedia의 공동 소유자 가운데 하나였다.

보고타에서 상류층에 속하는 오르티즈는 LASPAUAcademic and Professional Programs for the Americas 장학금을 받으며 1966년부터 1970년까지 미국 오하이오주 클리블랜드에 있는 케이스 웨스턴 리저브 대학교에서 건축학을 공부했다. 미국에 머무는 동안 오르티즈는 당시 건축·계획학부에서 유행하던 교외화와 도시재생 프로그램에 대한 비판 사조에 깊은 영향을 받게 된다. 또 클리브랜드에서는 미국의 환경운동사에서 중요한 자리를 차지하는 1969년 쿠야호가강 Cuyahoga River 화재* 뿐 아니라 수차례의 인종 및 베트남 전쟁 관련 폭동을 직접 목격하기도 했다. 클리블랜드 폭동, 환경 시위를 지켜본 경험이 오르티즈의 세계관에 깊게 영향을 미친 것으로 보인다.

1974년 하이메 오르티즈를 비롯한 프로-시클라 회원들이 조직한 '위대한 페달의 데모'가 콜롬비아에서 최초로 자전거를 정치화한 시도라고 할지라도, 이것이 '풀뿌리' 이니셔티브는 아니었다. 보고타의 저소득층 시민은 이 시범사업이 이루어지기 수십 년 전에도 도시 주변을 이동하는 데 자전거를 이용해왔다. 그렇다 하더라도 이 이벤트는 보고타 시민들이 능동적으로 참여한 것이 아니라, 프로-시클라 회원들의 개인적·정치적 연결망 덕분에 실행된 자전거 행사였다. 초기에 회의적이긴 했으나 지방정부 기관의 고위 기술관료들이 이런 이벤트에 동의해줬다는 것도 우리에겐 부러운 일이다.

어떻든 시클로비아의 출현은 하나의 도시 실험으로 구상되었고, 지역의 도시 조건과 다국적 아이디어에 의해 큰 영향을 받았다. 그것은 풀뿌리 운동이라기보다는 오히려 교외화에 대한 저항과 환경운동의 형태로 시작되었다. 탄생 배경이 무엇이든 '위대한 페달의 데모' 행사에 약 5000명의 보고타 시민들이 거리로 쏟아져 나왔다. 고도로 공간적 분리가 이루어진 보고타에서 이렇게 다양한 사회집단의 사람들을 이끌었다는 사실 하나만도 당시로서는 놀라운 일이었다.

---

* 미국 오하이오주의 쿠야호가강에는 폐유류와 쓰레기가 얼마나 많이 섞여 있었던지 1969년 7월 실제로 화재가 발생하여 2개의 교량이 손상을 입었다.

보고타의 시클로비아 제도화

1976년 보고타시에서는 프로—시클라의 제도화를 위해 하이메 오르티즈를 교통국 고문으로 채용했다. 시클로비아의 공식적인 운영은 자전거 옹호 단체로서 프로—시클라의 운명을 결정짓기도 했지만, 다른 한편으로는 보고타 시장과 주지사의 고문으로서 오르티즈가 새롭게 정치적 활동을 시작하는 계기를 마련해줬다. 이는 또한 프로-시클라에서 비롯된 자전거의 정치화가 종결되었다는 것을 의미했다. 지방정부의 관리 아래 놓이게 된 초기의 시클로비아는 도시교통 측면의 잠재력보다는 자전거의 레크리에이션 관점을 강조하는 프로젝트로 진화해갔다. 하지만 시클로비아가 루이스 프리에토 오캄포Luis Prieto Ocampo 시장 아래서 처음 공식적으로 제도화되었으나 1970년대 말까지는 정기적으로 운영되지 않았고, 심지어 한동안은 사라지기도 했었다. 이런 상황은 1982년 새로 임명된 시장 아우구스토 라미레즈 오캄포Augusto Ramírez Ocampo가 취임하면서 바뀌기 시작했다.

라미레즈 오캄포는 "보고타시의 주요 문제 가운데 하나가 고소득자와 저소득자 사이에 자유 시간의 크기는 물론 이를 활용하는 방식에도 엄청난 차이가 있다는 사실"이라고 생각했다. 그는 뉴욕을 여행하면서 센트럴파크의 가로 폐쇄에 깊은 인상을 받고 콜롬비아로 돌아온 후, 보고타 시내의 도로 중 4개 노선의 폐쇄 구간을 54km까지 확대하며 시클로비아의 확고한 지지자가 되었다. 1983년 10월에는 라미레즈 오캄포 시장이 보고타 지역은 물론 전국의 유명 인사들을 초빙해 처음으로 시클로비아에 대한 전국적인 세미나를 조직하기도 했다.

1970~1980년대에 보고타에서는 급속한 도시화가 이루어지면서 주택과 사회간접자본 시설도 부족했지만 공공 공간, 특히 빈민들을 위한 레크리에이션 공간이 심각하게 부족했다. 이때가 콜롬비아에서도 도시계획 패러다임이 급속하게 변화하던 시기였다. 20세기 전반기에는 카를 브루너Karl Brunner나 르 코르뷔지에Le Corbusier 같은 유럽 건축가들이 보고타에 영향을 미쳤지만, 1970년대에는 영미권 경제학자·도시계획가들이 깊게 개입했다. 미국에서 훈련받은 도시계획가들은 경제 및 지역사회 개발과 같은 새로운 아이디어를 콜롬비아에 가져왔고, 그 가운데서도 도시계획 분야에서는 경제학자 라우칠린 쿠리Lauchlin Currie의 영향이 주목할 만한 것이었다. 루스벨트 뉴딜 정책의 고문이었던 쿠리는 1949년에 세계은행 사절단의 일원으로 콜롬비아에 와서, 나중에는 콜롬비아 국가계획부National Planning Department의 책임자가 되었다.

쿠리의 도시계획에 관한 많은 저술은 주로 3개의 도시 모델로부터 도출된 것으로 보인다. 회피할 모델로는 미국의 도시화와 자동차 의존적인 스프롤car-dependent sprawl, 추종할 모델로는 싱가포르의 공공주택 프로그램과 영국의 뉴타운British New Towns을 들었다. 쿠리는 교외화를 "부적합하고 낭비벽 있는 삶의 방식"으로 인식했는데, 이는 1973년 석유 위기로 명백해졌다. 또한 실증적인 예로서 로스앤젤레스가 미국 스프롤형 교외화의 한 모델로 확인되기도 했다. 따라서 이 기간에 시클로비아의 확장은 지방정부가 도시의 빈민 지역에 레크리에이션 공간을 제공하고, 점차 분리된 도시에서 사회적 불안을 예방할 만한 시도가 되었다. 동시에 석유 위기로 인해 밀도 높고 자전거 친화적인 도시설계가 각광받게 되었다. 이제 시클로비아는 콜롬비아 계획 기구들과 쿠리 같은 고위급 계획 전문가들이 선호하는 하나의 관점으로 자리 잡았다.

석유 가격이 하락하여 석유 위기에 대한 관심이 사라진 1980년대에는 자동차에 의한 이동성automobility과 교외화가 더 이상 보고타의 도시계획가들에게 주된 걱정거리가 아니었다. 시클로비아는 모멘텀을 잃었고, 시클로비아의 도로 연장 또한 1983년 50km에서 1990년대 초에 다시 20km로 감소했다. 이때는 보고타가 도시 역사상 가장 높은 살인율을 기록하던 시절이었다. 전국에서 게릴라와 준군사활동이 창궐했고 마약 거래가 정점을 찍었다. 폭력의 공포가 보고타 사람들의 일상생활을 지배하기 시작했고, 시민들은 공공 공간 이용을 기피하는 경향을 보이고 있었다.

그런 상황에서 지방분권과 민주화, 그리고 신자유화가 콜롬비아에서 서서히 싹트기 시작했다. 1980년대 말에는 지방정부의 민주화가 이루어졌고, 1990년대에는 도시계획에 대한 책임이 지방 수준으로 분산되었다. 이후 야심 차고 카리스마 있는 신세대 시장들이 보고타에서 선출되었고, 이들은 도시를 재건하는 주요 전략의 하나로서 공공 공간 조성을 선택하기 시작했다. 시민의 신뢰를 되찾고, 도시폭력을 줄이기 위한 중요한 전략의 하나로 공공 공간 개발이 떠오른 것이다. 특히 안타나스 모쿠스Antanas Mockus(1995~1997, 2001~2003)와 엔리케 페냘로사Enrique Peñalosa(1998~2000) 시장에게는 공공 공간이 도시 변화의 핵심 요소이자, 시민들을 가르치고 주조molding하는 중심 도구였다.

1995년 취임한 안타나스 모쿠스는 콜롬비아의 주요 정당과 제휴하지 않은 채 무소속으로 선출된 최초의 보고타 시장이다. 철학자이자 수학자로 대학교수 출신인 모쿠스의 보고타에 대한 기본 전략은 '시민문화cultura ciudadana'라는 개념으로 집약할 수 있다. 보고타의 높은 살인율, 폭력의 공포, 시민들의 절망을 줄이는 모쿠스의 접근법은 보고타 시민 가치Bogotanos civic values를 가르치고 높이는 것이었다. 그의 목표는 '시민들 사이의 행동을 자기 관리할 수 있도록 하는 것'이었다. 당연히 공공 공간에 개입하는 프로젝트 중에서 시클로비아는 가장 많은 주목을 받았고, 지방정부로부터 상당한 공공기금을 배정받을 수 있었다. 이것은 시클로비아가 모쿠스의 시민문화 아이디어를 실행하는 중심축 가운데 하나였음을 뜻한다.

모쿠스는 1995년 엔리케 페냘로사의 동생인 기예르모 페냘로사 Guillermo Peñalosa를 보고타시 공원 및 레크리에이션 국장으로 임명한다. UCLA에서 경영학 석사MBA 학위를 받은 그는 민간부문에서 쌓았던 경험을 보고타 시청으로 가져왔고, 시클로비아에 세 가지 주요 혁신을 도입했다. 첫째, 프로그램의 관리를 교통국에서 보고타 시장실 산하의 문화·레크리에이션·스포츠국과 연계된 공원·레크리에이션·스포츠 연구소IDRD: Parks, Recreation and Sports Institute로 옮겼다. IDRD는 기예르모 페냘로사에게 관료적이지 않으면서도 더 전문적인 환경을 제공해줬고, 또한 IDRD의 한정된 예산을 보완하기 위해 페냘로사는 유관 기관과 비영리단체, 그리고 민간부문과 다양한 파트너십을 맺어 조직의 유연성을 한층 높였다. 1997년 시클로비아를 새로운 형태로 추진할 무렵, 예산 대부분을 시정부가 부담하면서도 민간부문으로부터 자금의 약 25%를 지원받아 운영하는 시스템을 새로 구축했다. 둘째, IDRD 추진팀은 시클로비아 이벤트 기간에 레크레오비아Recreovía라는 다양한 레크리에이션 활동 프로그램을 도입하여 일반 시민들의 관심을 끄는 데 성공했다. 여기에는 지역의 여러 기관과 비영리단체들이 제휴하여 실시하는 에어로빅과 댄스 워크숍 등이 포함되어 있다. 셋째, IDRD 직원 수를 늘리지 않고도 시클로비아의 확대가 가능하도록 자원봉사 프로그램을 도입했다. 규모는 작지만 전문적인 팀들이 자원봉사자들과 함께 시클로비아의 도로 길이를 100km 이상 확대하려는 기예르모 페냘로사의 목표를 달성하도록 도왔다. 결국 1990년대 말에는 시클로비아의 도로 연장이 121km까지 늘어났고, 매주 일요일마다 이용자 수가 100만 명 이상에 달했다.

1998년 엔리케 페냘로사가 시장에 취임했지만, 그의 동생인 기예르모 페냘로사는 IDRD에 그대로 남아 있었다. 엔리케는 전임자였던 모쿠스 시장의 몇몇 시민문화 정책을 이어받았지만, 주로 공공 공간과 교통 인프라의 물리적 개선에 역점을 두었다. 모쿠스가 시민들

보고타 국립공원 앞의 레크레오비아 현장

의 행태를 변화시키고 도시폭력을 줄이는 수단으로 '시민문화'에 초점을 맞춘 반면, 엔리케는 대중교통과 녹색교통 시스템의 도입과 공원 건설에 주로 초점을 맞추었다. 그는 브라질 꾸리찌바의 버스 교통혁명, 스페인 바르셀로나의 공공 공간 모델과 네덜란드의 자전거도로망 시스템에 착안해 세계에서 가장 첨단화된 간선급행버스 시스템인 트란스밀레니오Transmilenio와 132km의 자전거 전용도로망을 구축했고, 1000개 이상의 공공 공원을 재건했다.

엔리케 시장 이후에도 대부분의 보고타 시장들이 새로운 간선급행버스 노선의 건설과 운영 때문에 일부 구간을 축소하거나 없애는 사례가 있기는 했지만, 대체로 시클로비아의 도로 연장은 계속 유지해왔다. 그렇다고 시클로비아 운영에 도전과 저항이 전혀 없었던 것은 아니다. 2007년에는 국회의원이었던 호세 페르난도 카스트로 카이세도José Fernando Castro Caycedo가 교통체증을 이유로 시클로비아 금지 법안을 제출하기도 했다. 하지만 시클로비아 이용자들은 거세게 저항했고, 엔리케 페냘로사와 사무엘 모레노Samuel Moreno 시장뿐 아니라 시의회와 국회 다수의 반대로 법안이 통과되지는 못했다.[16] 2010년에는 시클로비아의 총연장이 97km였고, 연간 운영 비용은 미화로 약 170만 달러(시 예산 75%, 민간자금 25%)에 달했으며, 참가자 수는 하루에 적게는 60만 명에서 많게는 140만 명에 이르렀다.[17]

시클로비아의 세계화

지금까지 시클로비아가 보고타에서 약 45년간 겪은 주요 변화 과정을 살펴보았다. 1974년에서 2003년까지 콜롬비아와 라틴아메리카의 몇몇 도시들이 보고타의 경험에 기초해 시클로비아 프로그램을 시작했다. 그러나 2000년대 중반까지는 시클로비아가 국제적으로나 라틴아메리카에서나 '성공 사례'로 널리 알려지지는 않았다. 여기서 나는 네 부류의 주요 행위자와 네트워크가 시클로비아를 국제적인 '성공 사례'로 확산시켰다는 점을 언급하고자 한다.

첫째, 보고타의 도시 변화를 소개하기 위해 세계 전역을 돌아다닌 전 보고타 시장들과 지방 관리들, 특히 엔리케 페냘로사와 그의 동생 기예르모 페냘로사를 들 수 있다. 둘째, 세계 전역의 도시에서 대기 오염을 감소시키고 육체적 운동을 증가시키고자 하는 국제적 개발 및 자선 조직이 후원하는 지속가능한 교통 및 공중보건 옹호자들 간의 다국적 네트워크이다. 셋째, 보고타에 거주하지 않더라도 자신이 살고 있는 도시에서 시클로비아 사업을 성공적으로 실행하고, 문화적으로 인접한 도시와 함께 이벤트를 조직하는 기술 및 관리 노하우를 공유하는 시클로비아 전문가 네트워크이다. 그리고 마지막으로는 보고타의 사진과 동영상 등을 즉각 세계 전역으로 전파시킨 디지털 기술을 빼놓을 수 없다.

2000년 퇴임한 후 엔리케 페냘로사는 대통령 출마를 준비하기 위해 뉴욕으로 자리를 옮겼다. 뉴욕 대학교 라틴아메리카 연구센터 Center for Latin America Studies의 방문 학자였던 그는 자신의 경험을 되돌아볼 시간을 가지면서 개발도상국 도시의 대안적 도시화 전략에 관한 책을 쓰고자 했다. 아이젠하워 장학금Eisenhower fellowship 덕분에 페냘로사는 도시계획과 공공 공간 분야를 배우기 위해 미국의 여러 도시들을 방문하면서 다양한 네트워크를 구축했다. 2001년에는 개발도상국의 지속가능한 교통을 장려하는 비영리조직인 교통개발정책연구원ITDP: Institute for Transportation and Development이 후원한 행사에 강연자로 초청을 받았다. 당시 ITDP 원장은 그와 보고타에 대해 이전부터 많은 관심을 가지고 있었다. 참석자들은 강연을 통해 페냘로사의 카리스마, 영어로 하는 수사적 표현 능력, 그리고 도시 변혁의 역사를 강조하는 프레젠테이션 능력에 깊은 인상을 받았다고 한다. 그는 사진과 통계는 물론 "양질의 도시quality city는 큰 도로를 갖는 것이 아니라 아이들이 자전거로 어디든 안전하게 갈 수 있는 도시"라고 말하는 등 여러 감성적인 인용구를 활용해가며 열정적으로 강의를 했다. 그때 ITDP는 USAID와 휴렛 재단Hewlett Foundation 같은 자선 조직으로부터 자금을 지원받으며 성장해가는 능력 있는 단체였고, 페냘로사에게서 자신들의 지속가능한 교통 메시지를 세계적으로 확산시킬 수 있는 완벽한 메신저를 봤던 것이다.

그 후 엔리케 페냘로사는 보고타를 전 세계에 홍보하는 대사 역할을 수행하게 되었고, 또한 ITDP 대사 직무도 병행하게 되었다. ITDP는 페냘로사가 아시아와 아프리카를 비롯한 여러 개발도상국 도시들을 순방하는 동안 자금을 지원하기도 했다. 그의 이런 여정을 통해 개발도상국의 수많은 시장과 관리들은 간선급행버스 시스템과 자전거·보행자 친화적 인프라의 편익을 확신하게 되었다. 페냘로사가 국제사회에 널리 알려지면서 보고타의 도시변혁 스토리와 성공 사례는 개발도상국의 도시정책 모델로 확고히 자리 잡게 되었다.

세계의 많은 도시들은 보고타에 사절단을 보냈고, 그중 일부는 보고타를 모델로 삼아 간선급행버스 시스템을 구축하고 시클로비아 프로젝트를 도입하기 시작했다. 하지만 ITDP는 문화적·정치적·법률적 변수가 정책을 모방하는 과정에서 중요하다는 사실을 잘 알고 있었다. ITDP는 보고타의 경험이 '성공 사례'가 되도록 각 대륙에 최소한 하나의 간선급행버스 시스템을 구축하고자 노력했다. 예를 들어, 간선급행버스 시스템을 구축하려는 광저우 관리들을 위해 ITDP에서는 페냘로사가 여러 차례 광저우를 방문할 때 자금을 지원했고, 광저우 관리들의 보고타 견학에 후원금을 지원하기도 했다. 마침내 광저우시에 간선급행버스 시스템이 구축되자 이 도시는 베이징, 란저우, 이창 등 현재 중국에 건설되어 있는 23개 시스템의 교두보가 되었다.[18] 이제 ITDP는 보고타 방문과 견학을 후원하는 대신 중국 관리들을 광저우로 보낼 수 있게 된 것이다. 세계 전역에 간선급행버스 시스템을 홍보하려는 ITDP의 '모범 사례best practice' 전략의 효율성과 성공은 이 단체에 자금을 제공하는 재단과 국제기구들에게도 깊은 신뢰를 주었다.

몇 년 후, 휴렛 재단은 중국과 멕시코 대도시들의 도시정책 변화에 초점을 맞춰 대기오염과 이산화탄소 배출량을 줄이려고 비슷한 '모범 사례'를 채택했다. 이와 함께 세계은행, 미주개발은행뿐 아니라 록펠러 재단과 세계자원연구소World Resource Institute/EMBARQ를 비롯하여 교통 및 국제개발에 관심이 있는 다른 국제기구들 또한 즉시 보고타의 이야기와 페냘로사의 프레젠테이션을 사용하기 시작했다.

2003년 ITDP는 지역의 비영리조직인 시우다드 우마나 재단 Fundación Ciudad Humana과 함께 보고타에서 나흘간의 국제 세미나를 개최했다. 이때 30개 이상의 국가에서 온 수백 명의 도시계획가, 선출직 공무원, 학자, 교통계획 컨설턴트, 시민단체 대표 등이 참석했다. 가장 큰 목적은 제3세계의 다른 도시들에게 우선 보고타의 성공 사례를 현장에서 보여주고 경험을 공유하는 데 있었다.

시클로비아와 이동식 바리케이드

엔리케 페냘로사의 세계 순회, 그리고 2003년의 국제 세미나는 지속가능한 교통계획과 도시설계의 모범 사례로서 보고타의 무동력 인프라 및 정책을 세계화하는 데 중요한 첫걸음이었다. 이를 계기로 시클로비아가 국제사회에 널리 알려지게 되었고, 세계 전역으로 시클로비아가 확산되는 중요한 단초가 마련되었다. 특히 범미주보건기구 PAHO: Pan American Health Organization의 대표로 참석한 엔리케 야코비Enrique Jacoby는 세계 전역의 지속가능한 교통과 공중보건 지지자의 다국적 협력을 촉진하는 데 중요한 역할을 했다.

1986년 세계보건기구WHO는 오타와 회의 후 국제적인 공중보건 전략을 건강 홍보에 집중하는 새로운 방향으로 이동했고, 동시에 건강도시 계획Healthy Cities initiative을 통해 지역 수준에서 새롭게 건강을 촉진하는 전략을 추진하기 시작했다. 세계보건기구가 지지한 새로운 전략은 최근 도시정책과 계획의 역동성에 더 관심을 기울이는 공중보건 지지자들을 만들어냈다. 전 세계적으로 비만과 오래 앉아 있는 생활방식에 대한 우려가 커지면서, 새로운 과학적 발견에 따라 적어도 한 주에 150분간 적당한 운동이나 75분간 활발한 육체적 활동을 할 것이 권장되었다. 시클로비아는 세계보건기구의 새로운 공중보건 촉진 의제에 맞는 이상적인 정책으로 각광받게 되었다.

그로 인해 2005년 시우다드 우마나 재단과 범미주보건기구, 그리고 미국 질병통제센터CDC가 공동으로 보고타에서 시클로비아 세미나를 개최했다. 지속가능한 교통 및 공중보건 지지자들 사이의 국제협력이 한층 강화되었고, 그 결과로 '아메리카 시클로비아 레크리에이션 네트워크CRA: Red de Ciclovías Recreativas de las Américas'가 창립되었다. 아메리카 도시 네트워크인 CRA는 규칙적으로 시클로비아 이벤트를 실행해오고 있다. 지속적으로 연차회의를 개최하고, 범미주보건기구와 질병통제센터의 자금을 지원받아 스페인어와 영어로 공식 매뉴얼을 만들고 독자적인 웹사이트를 운영하게 되었다. 콜롬비아 보고타와 멕시코 과달라하라의 사례연구를 중심으로 한 매뉴얼에는 시클로비아를 실행하도록 정치가들을 설득하는 전략에서부터 자금을 획득하는 전략, 그리고 이벤트 운영에 필요한 자원봉사자를 충원·관리하는 방법과 행정 및 물류 분야의 세부사항 등이 수록되어 있다.

시클로비아의 세계화에 공헌한 인물로 '차 없는 도시'에 관한 국제회의에 단골 연사로 초청받는 기예르모 페냘로사(길 페냘로사Gil Peñalosa라고도 부름)도 빼놓을 수 있다. 엔리케 페냘로사의 동생인 그는 보고타의 IDRD에서의 근무를 마친 후, 시클로비아의 장점과 편익을 적극 홍보하고, 도시 성공의 모델로서 보고타의 브랜드를 지구촌 전역에 알리기 위해 수많은 나라를 돌아다니고 있다. 또한 캐나다 토론토에 본부를 두고 있는 비영리단체 '8-80 시티스8-80 Cities*의 창립자이자 대표로 '모두를 위한 도시 만들기Creating cities for all'에 앞장서고 있다. 세계 150개 이상의 도시에서 강연을 진행하며, 시클로비아에 흥미를 가진 많은 관리 및 계획가와 긴밀한 네트워크를 구축하고 지원하는 일을 하고 있다.

시클로비아를 '성공 사례'로 구축한 활동가들이 또 있다. 자신이 사는 도시에서 직접 시클로비아를 실행에 옮긴 세계 곳곳의 지역 리더들이다. 예를 들어, 선데이 스트리츠Sunday Streets(샌프란시스코의 시클로비아)의 책임자 수전 킹Susan King은 2008년 정규적인 시클로비아 프로그램을 시작한 이래 32개 도시에 컨설팅을 제공했고, 2013년 여름까지 그의 스프레드시트에는 72개 도시가 포함되었다. 샌프란시스코 근처의 지역 지도자들은 보고타의 시클로비아 비디오를 보았고, 샌프란시스코의 프로그램을 모델 삼아 자신들이 사는 지역에서 실험을 했다. 버클리에서는 샌프란시스코의 '선데이 스트리츠'라는 명칭을 그대로 사용했고, 오클랜드에서는 시클로비아의 이름을 조금 바꿔 오클라비아Oaklavía라고 짓기도 했다.

'시카고 걷기 및 자전거 타기 연합AWB: Chicago's Alliance for Walking and Biking'의 랜디 뉴펠드Randy Neufeld 또한 시클로비아의 중요한 기획자 가운데 한 사람이었다. 2003년 교통개발정책연구원이 보고타에서 주최한 세미나에 참석하여 시클로비아에 고무된 그는 여러 지역사회 지도자들을 모았고, 시카고에서 유사한 프로그램을 시행

---

* 8세에서 80세까지 팔팔하게 사는 도시를 만들고자 애쓰는 국제적으로 유명한 비영리단체로 다양한 이벤트를 기획하고, 컨설팅도 하고 있다. https://www.880cities.org/

하도록 지방정부에 압력을 가했다. 시카고 프로그램이 여러 장애물을 만나기는 했지만 AWB는 미국의 많은 자전거 단체에 시클로비아 아이디어를 확산시키는 데 핵심적인 역할을 했다. 최근에 이 단체는 미국 특유의 도시 네트워크인 오픈 스트리트 프로젝트Open Street Project가 출범하는 데 힘을 보탰다. 보고타 같은 라틴아메리카 도시들과는 달리 미국 도시들은 이벤트가 이루어지는 동안 시민들이 사고 발생 시 시청에 소송을 제기할 위험이 있기 때문에 민간보험 비용을 지불해야만 했다.

마지막으로 시클로비아가 세계 전역으로 확산하는 데 결정적 역할을 담당한 것으로 도시 네트워크의 다양한 모바일 인프라, 각종 회의·컨설팅·견학 등을 통해 생산된 수많은 자료 파일을 공유할 수 있는 블로그와 SNS 형태의 가상 인프라를 들 수 있다. 지속가능한 교통 및 자전거의 지지자들에게 큰 영향력을 발휘하는 정책 블로그인 스트리츠블로그Streetsblog는 시클로비아에 특히 중요했다. 미국에서 스트리츠블로그의 전략은 지속가능한 교통정책과 함께 도발적인 도시 사례들을 블로그 포스트blog post와 짧은 비디오 형태로 소개하는 것이었는데, 그 가운데서도 특히 국제사회의 주목을 끈 것은 자매 사이트 스트리트필름스Streetfilms에서 2007년에 발표한 9분 41초 분량의 시클로비아(보고타) 비디오였다.[19] 이 비디오는 기예르모 페냘로사의 도움을 받아 스트리츠블로그가 뉴욕시의 유명한 비영리단체인 트랜스포테이션 얼터너티브스Transportation Alternatives와 함께 촬영한 것으로, 포스팅 후 약 50만 명 이상이 방문하는 기록을 보였고, 지금도 비메오Vimeo와 유튜브 등 많은 동영상 사이트에서 볼 수 있다. 세계 전역의 지지자들은 이 비디오를 이용하여 자신의 지역사회에 시클로비아 개념을 설명하고, 시장 등 주요 의사결정자들에게 시클로비아의 잠재 가치를 설득했다.

더 나아가 세계보건기구도 활동친화적인 도시Active City를 만들기 위한 노력의 일환으로 시클로비아와 관련된 온라인 자료와 짧은 비디오를 만들어 활용했다. 예를 들어, 2010년에 세계보건기구는 '천 개의 도시, 천 개의 삶1,000 Cities, 1,000 Lives' 캠페인의 책임자로 기예르모 페냘로사를 선임하기도 했다. 보고타를 비롯하여 시클로비아 형태의 이벤트를 벌이는 여러 도시의 비디오와 시각 자료를 이용하면서 세계보건기구는 "공공의 공간을 건강에 개방하라Open up public spaces to health"고 세계의 많은 지자체에 본격적으로 요구하기 시작했다. 그리고 거리 폐쇄를 통해 자동차 통행을 일시적으로라도 줄임으로써 얻는 건강 편익과 다양한 공공 공간에서 육체적 운동을 촉진하는 도시정책의 필요성을 세계 전역의 의사결정자들에게 설득하는 노력을 지금도 계속하고 있다.

보고타의 시클로비아와 레크레오비아 운영 현황

세계에서 가장 활동친화적인 도시는 어딜까? 그런 도시를 대표하는 곳 중 하나가 바로 보고타이고, 그곳을 상징하는 프로그램이 시클로비아라고 생각한다. 시클로비아가 이루어지는 현장을 두 차례 방문한 경험이 있다. 2019년 3월 말에는 보고타의 국립공원Parque Nacional 옆 7번가Carrera7에서 수많은 시민들이 자전거와 인라인스케이트, 조깅, 걷기, 에어로빅을 즐기는 모습을 지켜봤다. 나는 엄청난 전율을 느꼈고, 세계보건기구에서 이것이 현재 지구상에서 이루어지는 가장 중요한 공중보건사업이라고 말한 이유를 알 수 있었다. 두 번째는 메데진에서 열리는 세계시장포럼에 서울시 대표단의 일원으로 참석했을 때이다. 세계에서 가장 규모가 큰 자전거 축제인 시클로비아를 직접 체험했다. 당시 박원순 시장과 함께 이 행사에 직접 참가해 보고타의 카사 단 칼튼 호텔에서 엘비레이 공원Parque El Virrey이 인접해 있는 15번가Carrera15까지 약 2km를 10여 분간 자전거를 타고 달렸다.

2003년 세계보건기구와 아메리카 신체활동네트워크RAFA/PANA: La red de Actividad Física de las Américas는 보고타를 세계에서

보고타의 15번가에서 열린 시클로비아

가장 활동적이고 건강한 도시로 선정했다. 시클로비아의 공로를 인정해 최고상을 수여한 것이다. 또한 2014년 8월에는 유엔환경계획UNEP이 후원하고 세계도시정주지포럼Global Forum of Urban Settlements이 수여하는 지속가능한 문화상을 받았다.[20] 그리고 2009년에는 미국 뉴욕의 교통개발정책연구원이 수여하는 지속가능한 교통상을 받았고, 2019년 3월에는《내셔널 지오그래픽》이 도시환경 특집으로 보고타의 시클로비아를 심층적으로 다루었을 만큼 환경 분야에서도 국제사회의 높은 평가를 받고 있다.[21]

　　보고타의 경우 1인당 연간 6달러에 불과한 저비용으로 시클로비아 행사를 치르는데, 육체적 활동으로 인한 건강 편익에 대한 비용 편익 비율은 3.23~4.26이나 된다. 시클로비아에 1달러를 투자했을 때 직접 의료비용을 3.23~4.26달러나 절약한다는 뜻이다. 메데진에서는 1인당 연간 23.4달러의 비용을 투자하고, 비용 편익 비율은 1.83인 것으로 밝혀졌다. 보고타보다는 못하지만 1달러를 투자해 1.83달러의 의료비용을 줄이는 것이다. 세계자원연구소WRI나《도시건강저널 Journal of Urban Health》의 연구 결과를 보면 시클로비아 사업은 저비용으로 직접 의료비용을 줄이는 획기적인 도시정책 수단임이 분명해 보인다.[22]

　　보고타에서는 만연한 비만과 무활동 문제를 풀면서 건강도시를 만들기 위해 크게 두 가지 사업을 추진하고 있다. 보고타시 전역의 크고 작은 공원에 활동적인 공간을 만들어 시민의 육체적 활동을 장려하는 것, 또 하나는 시클로비아를 적극 육성·확대해나가는 것이다. 현재 보고타의 시클로비아는 127.69km(14개 구간)에서 이루어지고 있지만, 앞으로 2개 구간(S4, S5)에서 14.9km를 더 확대할 계획이라고 한다. 이 사업이 마무리되면 '시클로비아'가 이루어지는 도로 연장은 총 142.59km로 늘어나게 된다. 세계보건기구에서 권고하는 가장 중요한 공중보건사업의 하나로 평가받는 보고타의 '시클로비아'는 규모 면에서 볼 때, 상위권에 속하는 멕시코시티 정도의 도시 3개가량을 합친 엄청난 규모이다.

시클로비아와 다양한 레크리에이션 활동에 참가하는 숫자도 우리의 상상을 넘어선다. IDRD가 발표한 2019년 시클로비아 월별 운영일 수 및 참가 인원을 보면 자세히 알 수 있다. 이해 시클로비아는

2019년 시클로비아 월별 운영일 수 및 참가 인원

	운영일 수	일 평균 참가 인원
1월	5	190만 3677
2월	6	248만 3989
3월	6	179만 6704
4월	5	165만 9105
5월	5	161만 6708
6월	7	149만 3148
7월	5	154만 4508
8월	7	170만 9910
9월	5	169만 7024
10월	4	167만 9159
11월	6	154만 5564
12월	7	147만 6949
	총 68일	일 평균 171만 3814명

출처: idrd.gov.co/reporte-la-ciclovia

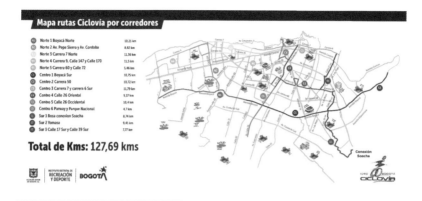

보고타의 시클로비아 노선도(2022년)

매월 4회에서 7회씩 총 68일이나 열렸고, 1일 평균 참가자도 적게는 148만 명에서 많게는 248만 명에 이르렀다. 하루 평균 170만 명 이상이 참가한 것이다.

두 번째 임기(2016~2019)를 성공적으로 마친 엔리케 페냘로사는 재임 중에 시클로비아 도로를 17km나 확대했다. 그가 세계에서 가장 큰 선형공원이라고 부르는 시클로비아 45주년 기념식을 같은 해 12월 18일에 개최했고, 자신도 직접 참석해 마지막 시클로비아를 즐겼다고 한다. 재임 중에 1028개의 현대식 기구들을 활용해 아이들이 레크리에이션과 스포츠를 즐길 수 있도록 234개의 놀이터를 조성하고, 힐마 히메네스Gilma Jiménez, 엘 타제르El Taller 및 테르세르 밀레니오Tercer Milenio 공원에 11개의 트랙을 건설해 롤러스케이트 등을 탈 수 있게 만들었다. 또 팀 스포츠 참여를 꺼리는 젊은이들을 위해 10개의 스케이트 파크도 조성했다.[23] 이렇게 그는 소득 격차로 인한 사회적 차별이 없는, 평등과 행복을 위한 공공 공간을 만들었고, 보고타를 세계에서 가장 활동친화적인 도시로 변화시켰다.

메데진의 시클로비아와 중력 자전거

승용차 의존도를 낮춰 교통혼잡 해소와 대기질 개선에 나서는 동시에 남녀노소 누구에게나 평등한 도시라는 공감대를 확산하려는 생각은 보고타에만 국한된 것은 아니다. 이런 점에서는 메데진도 마찬가지이다.

시클로비아가 열리는 도로는 운동을 위한 공간일 뿐만 아니라 친구, 가족, 모든 연령의 낯선 사람들과 만나 교류할 수 있는 공간이다. 이곳에서는 반려동물도 환영받는다.

메데진에서는 보통 시클로비아가 매주 일요일과 공휴일 엘포블라도 애비뉴Avenida El Poblado를 따라 오전 7시에서 오후 1시 사이에 열린다. 도로는 엔비가도Envigado의 남쪽에서 북쪽의 엘센트로El Centro까지 완전히 폐쇄되는데, 시클로비아가 시작하거나 끝나는 공식적인 장소는 없다. 또 화요일과 목요일에는 델리오 애비뉴Avenida Del Río에서 야간 시클로비아가 열린다. 낮 시간에 육체적인 활동을 하기 어려운 시민들을 위한 것이다. 라스베가스 애비뉴Avenida Las Vegas와 푸엔테데바랑키자Puente de Barranquilla 사이에서 오후 8시부터 10시까지 열린다.[24] 참가자 수가 낮 시간의 시클로비아에 비해 현저히 적어 자동차 운전자들의 불만과 비판이 적지 않을 텐데도 사회적 합의가 있어선지 큰 문제 없이 계속 운영되고 있다.

메데진의 10개 구간에서 제공하는 시클로비아 운영일과 시간 등은 다음과 같다. 주간에 개최되는 시클로비아 거리는 44.9km이고, 야간에 운영되는 시클로비아의 총 길이는 11.92km이다. 메데진 스포츠·레크리에이션 연구소Inder: Instituto de Deportes y Recreación de

Medellín의 자료에 의하면 시클로비아의 총연장은 보고타의 절반에 근접하는 53.82km로 규모 면에서도 세계 상위권이다.[25]

도로는 자동차만 사용하는 공간이 아니다. 자전거나 인라인스케이트를 타는 사람들, 걷거나 뛰는 사람들, 그리고 놀이를 하는 사람

메데진시 시클로비아 운영 개요

No.	시클로비아 종류	이름	서비스 요일	서비스 시간	거리(km)
1	제도적 시클로비아	에스타디오 Estadio	화, 목 일, 공휴일	오후 7~9시 오전 7~12시	0.52 2.20
2		델리오 애비뉴 Avenida Del Río	화, 목 일, 공휴일	오후 8~10시 오전 7~오후 1시	8.40 14.00
3		엘포블라도 El Poblado	일, 공휴일	오전 7~오후 1시	6.50
4		라스팔마스 애비뉴 Avenida Las Palmas	일, 공휴일	오전 6~9시	16.00
5		세로 엘 볼라도르 Cerro el Volador	화, 목 일, 공휴일	오후 6~9시 오전 7~12시	3.00
6	동네 시클로비아	페드레갈 Pedregal	일, 공휴일	오전 8~오후 1시	0.42
7		엘살바도르 El Salvador	일, 공휴일	오전 8~오후 1시	0.34
8		만리케 Manrique	일, 공휴일	오전 8~오후 1시	0.90
9		플로렌시아 Florencia	일, 공휴일	오전 8~오후 1시	1.02
10		산타모니카 Santa Mónica	일, 공휴일	오전 8~오후 1시	0.52
야간 시클로비아 총 거리					11.92
주간 시클로비아 총 거리					44.90
시클로비아 총연장					53.82

출처: https://www.inder.gov.co/es/node/66

들과 나눠 쓰는 공유 공간이다. 이런 사실을 시민들이 직접 체험해보지 않고 어떻게 인간친화적인 도시를 만들 수 있을까. 시클로비아처럼 도로를 비우는 공격적인 노력을 하지 않고 우리가 도시에서 미세먼지나 이산화탄소 배출을 줄일 수 있을까. 인식의 대전환이 필요한 때이다.

개인적으로 콜롬비아의 메데진을 연구하다가 지금까지 전혀 듣도 보도 못한 흥미로운 도시정책 과제를 배우기도 하고, 난생처음 보는 단어를 발견하기도 했다. 그중 하나가 메데진의 지형적 특성을 이용한 '중력 자전거gravity bike' 또는 '중력 자전거 타기'다.

중력 자전거는 체인과 페달이 없고 브레이크만 있는 자전거를 말한다. 내리막길을 달리도록 만들어진 이 자전거는 자전거의 동체와 라이더가 한 몸이 되어 엄청난 속도를 즐길 수 있는 '탈것'이다. 글라이더로부터 영감을 얻어 제작된 이 자전거는 최고 속도가 시속 124km로 꽤 위험해 보이지만, 스피드를 즐기는 마니아에게 매력적인 스포츠로 평가받는다고 한다.

'중력 자전거 타기'는 콜롬비아 전역에서 볼 수 있지만, 가파른 안데스 산맥으로 인해 메데진과 주변 지역에서 가장 인기가 있다고 한다. 특히 아부라 계곡의 급한 경사지에 자리 잡은 메데진 빈민가의 어린이와 젊은이들이 이 스포츠를 즐기는 모양이다. 언덕을 오를 때는 라이더가 지나가는 트럭에 매달리거나, 때로는 수제 고리를 사용해 올라가기도 한다. 라세하La Ceja 마을을 비롯한 일부 지역에서는 "사망 사고와 같은 심각한 위험 때문에 수작업으로 개조한 자전거의 유통을 금지"하기도 했지만 아직 많은 빈민가에서는 중력 자전거 타기를 즐기는 것 같다. 2019년 11월에 메데진에서 열린 29회 카 페스

티벌에서 '중력 자전거 타기 시합'도 벌어졌다고 《가디언》은 전하고 있다.

중력 자전거는 마약과 폭력이 빈번했던 메데진 빈민가에서 어린 이와 젊은이의 일탈을 줄이는 데도 적잖은 역할을 했을 것이다. 지역 학교의 심리학자 나탈리아 몬토야Natalia Montoya는 "이 아이들은 종 종 부서진 집에서 약물 남용에 빠지게 됩니다. 이것은 아이들이 삶의 현실을 탈출하는 자기 파괴적인 방법입니다"라고 하면서 "중력 자전 거 타기가 안전하게 이루어지면 모든 스트레스를 해결할 수 있는 좋 은 출구"라고도 판단한다.[26]

런던 정경대 명예교수 리처드 세넷은 "다양성과 창조적인 무질 서를 구성원 스스로가 통합해가는 도시, 살면서 만나는 갖가지 시련 과 도전에 적절하게 대처하는 도시"를 만들자고 주장한다. 메데진이 이런 도시의 전형일지도 모르겠다.

메데진의 그늘과
남은 과제

공포가 사회를 지배해 공론장이 마비된 상태에서 메데진은 어떻게 셀럽시티로 부상했을까? 지금까지 메데진 사람들이 걸어온 30여 년의 기나긴 여정을 짚어보기 위해 다양한 분야의 성과와 내용을 종합적으로 살펴봤다. 내전과 마약으로 얼룩진 메데진을 혁신도시로 만든 인물과 기본 개념을 고찰해보고, 연결성과 이동성을 통합한 생태교통 체계를 어떻게 구축해왔는지 살펴봤다. 그리고 혁신적인 도시재생과 문화 및 기술혁신을 통해 어떻게 행복도시를 창조했으며, 감염병과 기후위기를 어떻게 극복했는지 알아보고, 나아가 건강도시를 구현하기 위해 애쓰는 메데진의 시클로비아 사례까지 상세히 검토해보았다.

　그럼에도 불구하고 메데진에서 추진해온 참여예산제와 참여계획, 그리고 도시 거버넌스에 대한 경험은 제대로 소개하지 못했다. 내가 이런 사업이 이루어지는 현장을 구체적으로 보지 못했고, 관계자의 증언을 직접 청취할 기회가 없었기 때문이다. 이 책의 한계이자, 필자인 내게 커다란 아쉬움으로 남는 점이기도 하다.

라틴아메리카에서 볼 수 있는 한 가지 영구적인 문제는 낮은 세율이라고 한다. 이는 지방정부의 재정 부족과 활동 둔화로 이어진다. 이것은 다시 세금을 더 낮추기 위한 근거를 제공한다. "그들은 아무것도 하지 않는다!" 또는 "그들은 우리의 돈을 훔치고 있다!"고 말하는 것은 세금을 낮추기 위해 고안된 전형적인 기업과 언론의 반응이다. 메데진은 이 문제를 주로 에너지 공기업인 EPMEmpresas Publicas de Medellín의 효과적인 관리를 통해 해결했다. EPM 연간 순이익의 30%를 시정부 예산에 투입하도록 의무화하고 있다. 이런 재정적 보너스는 도시가 경제 및 사회 개발 분야에 관여할 수 있는 더 많은 공간을 제공한다. 이것은 다른 도시에서 일반적으로 발견되지 않는 메데진만이 가진 장점이자 독특한 재정 메커니즘이다.

또한 메데진은 2000년대 초부터 브라질에서 성공적으로 실행한

EPM 본사 건물

보우사 파밀리아Bolsa Familia* 실험과 유사한 자체 현금 지원 프로그램을 개발해 운영하고 있다. 메데진 솔리다리아Medellín Solidaria 프로그램은 국가 프로그램인 '행동 중인 가족Familias en Accion'의 일환으로 시작되었으며, 시 당국에 따르면 메데진에서 시민의 삶의 질을 개선하는 데 커다란 도움을 주었다.

메데진에서 추진한 마지막 '지역발전 국가 모델LDS: local developmental state model' 방식의 개입은 2004년에 설립된 컬처 E 프로그램Cultura E programme과 관련이 있다. 두 가지 구체적인 혁신이 중요했다. 첫째, 14가지 공공 자금을 지원하는 비즈니스 지원센터CE-DEZO: Centros de Desarrolo Empressarial Zonal의 네트워크이다. 비즈니스 지원센터들은 극빈 지역에 위치해 있으며, 좋은 사업 아이디어가 있는 사람이라면 누구나 여기서 무료로 사업 지원 서비스와 기술 컨설팅을 받을 수 있다. 둘째, 비즈니스 지원센터와 함께 일하는 '기회의 은행Banco de las Oportunidades'이 소규모 기업 설립을 위해 우대 금리(월 0.91%)로 최대 2500달러의 소액 대출을 제공한다. 두 가지 개입의 결과, 메데진 주변부 극빈층 지역사회에서 운영되는 소규모 기업의 수가 늘었고 질적 향상도 이루어졌다. 좋은 사업 아이디어를 가지고 있지만 상업화를 추진할 기반(자본, 특정 기술, 연락처 등)이 부족한 사람들에게 바로 기회가 주어진다는 점이 중요하다. 기회의 평등(즉

---

* 브라질의 루이스 이나시우 룰라 다 시우바 대통령이 실시한 가족 지원 제도. 그가 빈곤층과 기아 인구를 감소시키기 위해 만든 사회복지 정책인 포미 제루Fome Zero(기아 제로)의 중심으로, 이 제도는 가난한 사람들이 학습과 건강을 위한 기회를 공평하게 부여받도록 현금을 지급하는 '조건부 현금 이전CCT: conditional cash transfer' 사업이다. 보우사 파밀리아는 '가족 수당'이라는 뜻이다.

사업을 운영할 수 있는 기회의 균등)은 메데진에서 더는 추상적인 이상이 아니다.[27]

그러나 2011년 10월 선거 때 몇몇 시장 후보들은 은행 금리가 너무 높고, 대출 만기가 너무 짧으며, 유예 기간이 있어야 한다고 주장 했다. 그리고 '기회의 은행'을 보완할 새로운 중소기업SME 개발은행 을 제안하기도 했다.[28]

메데진 카르텔의 고향인 이 도시는 한때 세계에서 가장 폭력적 인 도시였다. 그러나 산자락에 위치한 바리오를 아부라 계곡의 하부 에 있는 도심과 공간적으로 통합시킨 혁신적인 시장들 덕분에 살인율 은 95%, 극심한 빈곤은 66%나 감소했다. 그 결과 메데진은 이제 '공 안 및 형사 사법을 위한 시민 위원회CCSPJP: El Consejo Ciudadano para la Seguridad Pública y la Justicia Penal A.C.'가 발표한 라틴아메리카에서 가장 폭력적인 도시 50곳에 포함되어 있지 않다.[29] 또 2021년 세계에 서 가장 폭력적인 도시 50곳을 순위별로 발표한 목록에도 없고, 현재 는 볼티모어, 세인트루이스, 디트로이트, 뉴올리언스 등 미국 도시들 보다 훨씬 안전한 것으로 발표되고 있다.

하후상박, 인프라, 기후친화적 공간과 교통

이런 지표상의 괄목할 변화에다 메데진 시정부가 지금까지 거 둔 가시적인 성과가 모여 국제사회에서 셀럽시티라고 부르는 것이 다. 그렇다고 해서 메데진에 그늘이 전혀 없는 것은 아니다. 메데진시 가 발표한 2016~2020년 통계를 보면 인구가 연평균 2만 명 이상, 즉

0.83%씩 계속 증가하고 있다. 농촌에서 탈출한 가난한 농민과 국내 실향민, 그리고 베네수엘라 난민 등이 여전히 메데진으로 유입되고 있다는 사실을 말해준다.

게다가 콜롬비아와 외국의 연구자들이 메데진에 대해 쓴 글에는 나오지 않는, 가난한 바리오에 사는 현지 주민의 목소리도 들어봐야 한다. 2019년 세계시장포럼에 참석한 사람들과 함께 산하비에르를 방문했을 때 현지 주민들이 들고 서 있던 종이 팻말에 대한 기억이 아직도 생생하다. "시장은 현실을 보여달라" "현실을 숨기지 말라"고 쓰여 있었다. "집도, 먹을 것도, 직장도 없다"며 "시장은 이런 사람들이 오면 우리를 숨겨두려고만 한다"고 외치던 한 가난한 청년의 목소리가 아직 귓가를 맴돈다. 이를 염두에 둔다면 메데진시를 연구할 때 편견 없이 균형 감각을 잘 유지하는 것이 무엇보다 중요하다는 사실을 깨닫게 된다.

현재 메데진시는 변화와 혁신의 아이콘으로 전 세계에서 찬사를 받고 있다. 하지만 이 도시에는 마약과 폭력의 그림자 말고도 그늘이 적지 않다고 본다. 두 차례 메데진을 방문했을 때의 경험을 토대로 몇 가지 시급한 과제들을 추려봤다.

첫째, 인구 급증에 대비하여 주택 문제를 해소하고 먹거리를 확보하는 한편, 일자리를 창출하는 데도 더욱 관심을 쏟아야 한다. 특히 공간적 불평등을 해소할 수 있도록 지역 간 균형 발전에 더 많은 노력을 기울이고, 빈곤층이 모여 사는 열악한 지역사회의 생활 여건을 개선하는 데도 적극 나서야 할 것으로 보인다.

둘째, 기후위기의 영향을 가장 받기 쉬운 지리적 공간을 중심으로 기후변화에 대한 적응 대책을 공격적으로 수립·실행해야 한다. 예를 들어, 강수 증가로 인한 집중호우와 산사태의 위험이 높고, 산불이 발생할 위험이 큰 변두리의 비공식 정착지와 최근에 불법 점거가 시작된 정착지에 대한 대책을 서둘러 마련해야 한다. 이와 병행해 공공 공간이 없는 데다 지표 온도가 높은 고밀도 지역, 특히 코무나5(카스티자Castilla) 및 코무나15(과야발Guayabal) 산업지역의 핫스팟에 대한 폭염 대책을 적극 시행해야 할 것이다.

셋째, 아직도 많은 지역이 여전히 인프라가 부족—심지어 마실 물도 부족—하므로 이에 대한 대책을 체계적으로 마련해나가야 한다. 아부라 계곡의 산자락을 타고 올라가는 고지대의 비공식 정착지에 대한 급수 대책은 인간의 기본권을 지켜준다는 차원에서도 필요한 사업이라고 본다. 게다가 이번 팬데믹 기간에 경험했듯이 감염병 위기를 극복하는 데 물이 필수재라는 사실을 깨닫지 않았던가? 이런 서비스는 도시 빈민들에게 주는 선물이 아니라, 인간적으로 보장해줘야 하는 기본권이다.

마지막으로 생태교통 체계를 기후친화적으로 전환·개편해가는 노력이 시급한 것으로 보인다. 아부라 계곡 전체의 대기오염을 유발하는 오토바이를 전기화하고, 도시교통에서 자전거의 교통수단 분담률을 획기적으로 높이는 대책을 마련해 시행해야 한다. 이 외에도 전기자전거나 전동스쿠터 등 스마트 모빌리티 시스템의 확대·운영도 서둘러야 할 것이다.

그동안 내가 메데진에 대해 미처 몰랐던 사실을 하나 소개하면서 글을 마무리할까 한다.

메데진에는 케이블카를 대중교통의 하나로 활용하는 메트로케이블 시스템이 있는데, 이것을 타고 산등성이를 올라가면 관광 명소

"신발은 하루에 200페소를 주고 보관하세요."

인 '산토도밍고사비오'와 같은 종점에 이르게 된다. 그동안 나는 이 메
트로케이블의 성공 사례를 국제사회로부터 너무나 많이 들어 여기에
는 그늘이 거의 없을 것으로 생각했다. 하지만 여기에도 내가 모르는
사실이 숨어 있었다.

　　종점보다 더 높은 산자락에 사는 극빈자와 난민들이 케이블카
정류장에 이르기 위해서는 긴 비포장도로를 걸어와야 하는데, 이 과
정에서 비 오는 날에는 신발에 진흙과 얼룩이 자연스럽게 묻게 된단
다. 바리오에 사는 사람들은 이 '노란 신발'을 '파티아마리조스patia-
marillos'라는 조어로 부르는 모양이다. 이것이 메데진 외곽의 바리오
출신임을 보여주는 것이라 현지인들에게는 수치심이나 오명을 불러
일으키는 것 같다. 그래서 사람들은 메트로케이블을 타기 전에 신발

을 갈아 신기도 하는데, 이 때문에 더러운 신발을 보관해주는 '가르다 자파토스guardazapatos'라는 사업까지 새로 생겼다. 사진에서 보는 것처럼 "신발은 하루에 200콜롬비아 페소(한화 60원 정도)"를 주고 보관한다.

세상에서는 우리가 예상하지 못한 일이 참 많이 벌어진다. 어떤 전문가와 공직자가 이런 일이 생길 것이라 예상했을까? 나도 이 이야기를 들으며 그동안 수박 겉핥기식으로 공부를 하지 않았나 하는 생각에 부끄럽고 송구했다. 이 책도 나름대로 한계도 있고 양면성을 내포하고 있다는 사실을 독자들께서 유념해줬으면 좋겠다.

주

1   Geoff Mulgan, "Our Future Is Urban. Why Don't We Talk More about Our Cities?," *The Guardian*, 14 June 2015.

2   Tim Delaney and Tim Madigan, *Lessons Learned from Popular Culture*, New York: State University of New York Press, 2016.

3   Erik Cohen, "Toward a Sociology of International Tourism," *Social Research* 39(1), 1972, pp.164 — 182.

4   앨런 이레이라, 《영혼의 부족 코기를 찾아서》, 이태화 옮김, 샨티, 2006; 앨런 이레이라, 《"이대로 가면 세상이 곧 죽을 것이다": '인류의 형님들'이 보내온 메시지》, 《녹색평론》 제5호, 녹색평론사, 1992.

5   Erika Alvarado Caro, "En 42 dólares ofrecían tour de 'Coca in factory' en la Sierra Nevada," *El Heraldo*, 19 August 2015.

6   Anne Marie Van Broeck, "Pablo Escobar Tourism: Attitudes of Stakeholders in Medellin, Colombia," in: P.R. Stone et al. (eds.), *The Palgrave Handbook of Dark Tourism Studies*, London: Palgrave Macmillan, 2018, pp.291 — 318.

7   Esperanza Gómez Hernández, "El presupuesto participativo entre democracia, pobreza y desarrollo," *Investigación y Desarrollo* 15(1), 2007, pp.56 — 77.

8   생활조건 다차원 지수(IMCV)의 개념체계는 메데진시가 발표한 〈시 개발계획 2020~2023: 메데진 미래〉의 p.42를 참조하라. Alcaldía de Medellín, "Plan de Desarrollo Medellín Futuro 2020 — 2023," 2020.

9   Francis Fukuyama and Seth Colby, "Half a Miracle," *Foreign Policy*, 25 April 2011. https://foreignpolicy.com/2011/04/25/half-a-miracle/

10 Daniel Zeldin, "Performing, Vending, and Walking in the City: The Internally Displaced Population's Occupation of Spaces in Medellín, Colombia," Simon Fraser University, Summer 2011, pp.68 — 83.

11 박용남, 《꿈의 도시 꾸리찌바: 재미와 장난이 만든 생태도시 이야기》, 녹색평론사, 2009.

12 Rebecca Abers, Robin King, Daniely Votto and Igor Brandão, "Porto Alegre: Participatory Budgeting and the Challenge of Sustaining Transformative Change," World Resources Report Case Study, Washington, DC: World Resources Institute, 2018.

13 박용남, 《도시의 로빈후드: 뉴욕에서 몬드라곤까지, 지구를 바꾸는 도시혁명가들》, 서해문집, 2014.

14 Olga L. Sarmiento, Adriana Díaz del Castillo, Camilo A. Trians, María José Acevedo, Silvia A. Gonzalez and Michael Pratt, "Reclaiming the Streets for People: Insights from Ciclovías Recreativas in Latin America," *Preventive Medicine* 103, 2017, pp.34—35.

15 여기서 언급된 주요 내용들은 세르히오 몬테로의 논문을 주로 참고했음을 밝혀둔다. Sergio Montero, "Worlding Bogotá's Ciclovía: From Urban Experiment to International 'Best Practice'," *Latin American Perspectives* 44(2), March 2017, pp.111—131.

16 https://en.wikipedia.org/wiki/Ciclov%C3%ADa

17 Adriana Díaz del Castillo, Olga L. Sarmiento, Rodrigo S. Reis and Ross C. Brownson, "Translating Evidence to Policy: Urban Interventions and Physical Activity Promotion in Bogotá, Colombia, and Curitiba, Brazil," *Translational Behavioral Medicine* 1(2), 2011, pp.350—360.

18 중국에서는 현재 광저우 등 24개 도시에 간선급행버스 시스템이 구축되어 있는 것으로 보고되고 있다. Juan Miguel Velásquez, Thet Hein Tun, Dario Hidalgo, Camila Ramos, Pablo Guarda, Zhong Guo and Xumei Chen, "Bus Rapid Transit in China: A Comparison of Design Features with International Systems," World Resources Institute, working paper, October 2017 참조.

19 http://www.streetfilms.org/ciclovia/

20 https://www.idrd.gov.co/ciclovia-bogotana

21 Alma Guillermoprieto, "This City Bans Cars Every Sunday — And People Love It," *National Geographic*, 27 March 2019. https://www.nationalgeographic.com/environment/2019/03/bogota-colombia-ciclovia-bans-cars-on-roads-each-sunday/

22 Carolina S. Sarmiento, Saul Alveano and Robin King, "Guadalajara: Revisiting Public Space Interventions through the Via RecreActiva," World Resources Report, 2019; Felipe Montes et al., "Do Health Benefits Outweigh the Costs of Mass Recreational Programs? An Economic Analysis of Four Ciclovía Programs," *Journal of Urban Health: Bulletin of the New York Academy of Medicine* 89(1), pp.153—170.

23 https://twitter.com/EnriquePenalosa

24 https://www.mividaenmedellin.com/blog/2018/8/20/ciclovias-in-medellin

25 https://www.inder.gov.co/es/node/66

26 Joe Parkin Daniels, "'We Live for Gravity Biking': Deadly Sport Is Way of Life in Medellín," *The Guardian*, 2 October 2019.

27 Milford Bateman, Juan Pablo Duran Ortíz and Kate Maclean, "A Post-Washington Consensus Approach to Local Economic Development in Latin America? An Example from Medellín, Colombia," Archived 2017-01-13 at the Wayback Machine, London: Overseas Development Institute, 2010.

28 https://en.wikipedia.org/wiki/Medell%C3%ADn

29 http://www.seguridadjusticiaypaz.org.mx/

참고문헌

· 몽고메리, 찰스, 《우리는 도시에서 행복한가》, 윤태경 옮김, 미디어윌, 2014.
· 박용남, 《작은 실험들이 도시를 바꾼다: 보고타에서 요하네스버그까지》, 시울, 2006.
· 박용남, 《꿈의 도시 꾸리찌바: 재미와 장난이 만든 생태도시 이야기》, 녹색평론사, 2009.
· 박용남, 《도시의 로빈후드: 뉴욕에서 몬드라곤까지, 지구를 바꾸는 도시혁명가들》, 서해문집, 2014.
· 박용남, 〈도시혁신 실험, 콜롬비아 메데인의 경우〉, 《녹색평론》 제167호, 녹색평론사, 2019.
· 박용남, 〈시클로비아: 자동차만 다닐 수 없는 길〉, 《녹색평론》 제177호, 녹색평론사, 2021.
· 박용남, 〈지속가능한 도시로의 전환은 어떻게 가능한가〉, 강양구·장은수·한기호 엮음, 《한국의 논점 2022》, 북바이북, 2021.
· 박용남 외, 〈시클로비아의 세계 동향과 서울시에의 시사점〉, 서울연구원, 2021.
· 세넷, 리처드, 《짓기와 거주하기: 도시를 위한 윤리》, 김병화 옮김, 김영사, 2020.
· 아들리, 마즈다, 《도시에 산다는 것에 대하여》, 이지혜 옮김, 아날로그, 2018.
· 이레이라, 앨런, 〈"이대로 가면 세상이 곧 죽을 것이다": '인류의 형님들'이 보내온 메시지〉, 《녹색평론》 제5호, 녹색평론사, 1992.
· 이레이라, 앨런, 《영혼의 부족 코기를 찾아서》, 이태화 옮김, 샨티, 2006.
· 최민정, 〈메데진의 그래피티 마을, 코무나13〉, KOFICE 문화소식, 한국국제교류문화진흥원, 2021.
· 클라이넨버그, 에릭, 《도시는 어떻게 삶을 바꾸는가: 불평등과 고립을 넘어서는 연결망의 힘》, 서종민 옮김, 웅진지식하우스, 2019.
· 타운센드, 앤서니, 《스마트시티: 더 나은 도시를 만들다》, 도시이론연구모임 옮김, 엠아이디, 2018.

· Abers, Rebecca, Robin King, Daniely Votto and Igor Brandão, "Porto Alegre: Participatory Budgeting and the Challenge of Sustaining Transformative Change," World Resources Report Case Study, Washington, DC: World Resources Institute, 2018.

· ACI Medellín, *LINK*, AÑO 6, NO. 6, Diciembre 2018.

· Bateman, Milford, Juan Pablo Duran Ortíz and Kate Maclean, "A Post-Washington Consensus Approach to Local Economic Development in Latin America? An Example from Medellín, Colombia," Archived 2017-01-13 at the Wayback Machine, London: Overseas Development Institute, 2010.

· Bellata, María, *Social Urbanism: Reframing Spatial Design: Discourses from Latin America*, Applied Research & Design, 2020.

· Calderon, Camilo, "Social Urbanism: Integrated and Participatory Urban Upgrading in Medellín, Colombia," in: Roderick Lawrence, Hulya Turgut and Peter Kellett (eds.), *Requalifying the Built Environment: Challenges and Responses*, Göttingen: Hogrefe Publishing, 2012.

· Calvin, C. Ellis, "Strategies of Architectural Production and Global Urban Competitiveness in Medellín, Colombia," A thesis submitted to the Faculty of Architecture and Planning, Columbia University, May 2014.

· Caro, Erika Alvarado, "En 42 dólares ofrecían tour de 'Coca in factory' en la Sierra Nevada," *El Heraldo*, 19 August 2015.

· Castillo, Adriana Díaz del, Olga L. Sarmiento, Rodrigo S. Reis and Ross C. Brownson, "Translating Evidence to Policy: Urban Interventions and Physical Activity Promotion in Bogotá, Colombia, and Curitiba, Brazil," *Translational Behavioral Medicine* 1(2), 2011, pp.350—360.

· Chartier, Hélène, Laura Frost and Christopher Pountney, "Green and Thriving Neighbourhoods: A Pathway to Net Zero, Featuring the '15-Minute City'," C40 Cities And Arup, July 2021.

· Cohen, Erik, "Toward a Sociology of International Tourism," *Social Research* 39(1), 1972, pp.164—182.

· Daniels, Joe Parkin, "'We Live for Gravity Biking': Deadly Sport is Way of Life in Medellín," *The Guardian*, 2 October 2019.

· Davey, Taylor, "Ideologies of Medellín's Miracle: A Critique of Architecture's New Utopia," A thesis presented to the University of Waterloo in fulfillment of the thesis requirement for the degree of Master of Architecture in Engineering, 2016.

· Dávila, Julio D. (ed.), *Urban Mobility and Poverty: Lessons from Medellín and Soacha, Colombia*, Development Planning Unit, UCL, 2013.

· Delaney, Tim and Tim Madigan, *Lessons Learned from Popular Culture*, Albany: State

University of New York Press, 2016.

- Doughnut Economics Action Lab, Biomimicry 3.8, C40 Cities and Circle Economy, "Creating City Portraits: A Methodological Guide from The Thriving Cities Initiative," Oxford, July 2020.

- Escobar, Jose Jaime Samper, "The Politics of Peace Process in Cities in Conflict: The Medellín Case as a Best Practice," Massachusetts Institute of Technology, June 2010.

- Franz, Tobias, "Power Balances, Transnational Elites, and Local Economic Governance: The Political Economy of Development in Medellín," *Local Economy* 33(1), 2018, pp.85–109.

- Franz, Tobias, "Urban Governance and Economic Development in Medellín: An 'Urban Miracle'?," *Latin American Perspectives* 44(2), March 2017, pp.52–70.

- Guerra, Monica Ines, "Regulating Neglect: Territory, Planning, and Social Transformation in Medellín, Colombia," A dissertation submitted in partial satisfaction of the requirements for the degree of Doctor of Philosophy in City and Regional Planning, University of California, Berkeley, Spring 2014.

- Guillermoprieto, Alma, "This City Bans Cars Every Sunday — And People Love It," *National Geographic*, 27 March 2019.

- Holmes, J. and S. Gutiérrez de Piñeres, "Medellín's Biblioteca España: Progress in Unlikely Places," *Stability: International Journal of Security & Development* 3(1):2, 2013, pp.1–13.

- Lerner, Jaime, *Urban Acupuncture: Celebrating Pinpricks of Change that Enrich City Life*, Washington, D.C.: Island Press, 2016.

- Maclean, Kate, *Social Urbanism and the Politics of Violence: The Medellín Miracle*, London: Palgrave Pivot, 2015.

- Matsuyuki, Mihoko, Sarika Okami, Fumihiko Nakamura and Iván Sarmiento-Ordosgoitia, "Impact of Aerial Cable Car in Low-Income Area in Medellín, Colombia," *Transportation Research Procedia* 48, 2020, pp.3264–3282.

- Miguel, Juan, Velásquez, Thet Hein Tun, Dario Hidalgo, Camila Ramos, Pablo Guarda, Zhong Guo and Xumei Chen, "Bus Rapid Transit in China: A Comparison of Design Features with International Systems," World Resources Institute, working paper, October 2017.

- Montero, Sergio, "Worlding Bogotá's Ciclovía: From Urban Experiment to International 'Best Practice'," *Latin American Perspectives* 44(2), March 2017, pp.111–131.

· Montes, Felipe et al., "Do Health Benefits Outweigh the Costs of Mass Recreational Programs? An Economic Analysis of Four Ciclovía Programs," *Journal of Urban Health: Bulletin of the New York Academy of Medicine* 89(1), pp.153-170.

· Morisson, Arnault, "Knowledge Gatekeepers and Path Development on the Knowledge Periphery: The Case of Ruta N in Medellín, Colombia," *Area Development and Policy* 4(1), 2019.

· Samper, Jota and Carlos Escobar, "The Transformation of Medellin," *The Journal of the Landscape Institute* 3, 2020, pp.31-33.

· Samper, Jota, Catalina Ortiz and Javier Soto, *Rethinking Informality: Strategies of Urban Space Co-Production*, MIT School of Architecture and Planning, 2015.

· Sarmiento, Carolina S., Saul Alveano and Robin King, "Guadalajara: Revisiting Public Space Interventions through the Via RecreActiva," World Resources Report, 2019.

· Sarmiento, Olga L., Adriana Díaz del Castillo, Camilo A. Trians, María José Acevedo, Silvia A. Gonzalez and Michael Pratt, "Reclaiming the Streets for People: Insights from Ciclovías Recreativas in Latin America," *Preventive Medicine* 103, 2017, pp.34-35.

· Sato, Mine, "A Fresh Look at Capacity Development from Insiders' Perspectives: A Case Study of an Urban Redevelopment Project in Medellín," JICA Research Institute, No.60, 2013.

· Sotomayor, Luisa Fernanda, "Planning through Spaces of Exception: Socio-Spatial Inequality, Violence and the Emergence of Social Urbanism in Medellín (2004-2011)," A thesis submitted in conformity with the requirements for the degree of Doctor of Philosophy, Department of Geography and Program in Planning, University of Toronto, 2015.

· Sotomayor, Luisa, "Dealing with Dangerous Spaces: The Construction of Urban Policy in Medellín," *Latin American Perspectives* 44(2), March 2017.

· Torres, Natalia Pérez, "The Graffitour of the 13: An Aesthetic, Political and Historical Trajectory through Medellín," *VIBRANT* 15(1), 2018.

· UN-Habitat, *Trends in Urban Resilience 2017*, 2017.

· Van Broeck, Anne Marie, "Pablo Escobar Tourism: Attitudes of Stakeholders in Medellin, Colombia," in: P.R. Stone et al. (eds.), *The Palgrave Handbook of Dark Tourism Studies*, London: Palgrave Macmillan, 2018, pp.291—318.

· Wallace, Bryony, "Metrocables in Medellín, Colombia: An Innovative, Inclusive and Green Transit System," Oxfam International, January 2021.

- http://kofice.or.kr/c30correspondent/c30_correspondent_02_view.asp?seq=20883
- http://webzine.bcf.or.kr/bbs/board.php?bo_table=column&wr_id=515
- http://www.seguridadjusticiaypaz.org.mx/
- https://bloombergcities.jhu.edu/news/medellin-microlending-program-builds-users-savings
- https://drivingchange.org/the-unlikely-story-of-medellins-pandemic-defying-mayor/
- https://edisciplinas.usp.br/pluginfile.php/5512376/course/section/6012653/Against_the_Smart_City.pdf?time=1597691067775
- https://en.wikipedia.org/wiki/Ciclov%C3%ADa
- https://en.wikipedia.org/wiki/Medell%C3%ADn
- https://issuu.com/cartillasinvestigacion/docs/lecciones_aprendidas_-_las_unidades_de_vida_articu
- https://link.acimedellin.org/en/an-educational-reference-was-born-in-the-west-of-medellin-with-the-university-citadel/
- https://news.trust.org/item/20200526120704-w3g8g/?utm_campaign=editorsPicks&utm_medium=editorsPicksWebWidget&utm_source=citVerticalPage&utm_content=link4&utm_itemId=20200526120704-w3g8g
- https://telemedellin.tv/recorrido-linea-o-del-metro/366311/
- https://twitter.com/EnriquePenalosa
- https://uil.unesco.org/system/files/medellin_library_parks_article_final_10.09.19_mm_final.pdf
- https://www.880cities.org/
- https://www.acimedellin.org/gobierno-de-corea-entrega-centro-integrado-de-transporte-que-se-convierte-en-cerebro-de-la-movilidad-inteligente-de-medellin/
- https://www.acimedellin.org/medellin-fortalecera-su-sistema-de-movilidad-inteligente/
- https://www.archdaily.com/955776/antioquias-educational-parks-13-examples-of-learning-centered-infrastructure-in-colombia
- https://www.archdaily.com/957509/social-urbanism-from-the-medellin-model-to-a-new-global-movement
- https://www.atlasobscura.com/places/the-birds-of-peace-medellin-colombia
- https://www.bloomberg.com/news/articles/2018-04-30/copenhagen-archi-

tect-jan-gehl-takes-on-smart-cities

· https://www.bookjournalism.com/books/7034/chapters/7108

· https://www.colectivo720.com/uva-la-imaginacion

· https://www.eltiempo.com/colombia/medellin/alcaldia-se-comprometio-a-recuper-ar-la-biblioteca-espana-para-2021-467100

· https://www.eltiempo.com/colombia/medellin/medellin-fights-against-the-stigma-of-pablo-escobar-300056

· https://www.fdiintelligence.com/Locations/Americas/Canada/American-Cities-of-the-Future-2019-20-FDI-strategy

· https://www.festivaldepoesiademedellin.org/en/

· https://www.gondolaproject.com/category/installations/metrocable-line-h/

· https://www.gondolaproject.com/category/installations/metrocable-line-p/

· https://www.gondolaproject.com/medellin/

· https://www.idrd.gov.co/ciclovia-bogotana

· https://www.imf.org/external/pubs/ft/fandd/2020/06/former-medellin-mayor-federi-co-gutierrez-on-building-a-21st-century-city-trenches.htm

· https://www.independent.co.uk/news/world/americas/pablo-escobar-home-demol-ished-monaco-building-medellin-colombia-drug-cocaine-a8793561.html

· https://www.inder.gov.co/es/node/66

· https://www.medellinresiliente.co/_files/ugd/85944b_dbd4818904c244649 34660b96262e3a2.pdf

· https://www.minuto30.com/reconstruccion-biblioteca-espana/1302445/

· https://www.mividaenmedellin.com/blog/2018/8/20/ciclovia-in-medellin

· https://www.nationalgeographic.com/environment/2019/03/bogota-colombia-ciclovia-bans-cars-on-roads-each-sunday/

· https://www.netflix.com/kr/title/80035684

· https://www.newsweek.com/momentum-awards-worlds-smartest-cities?fbclid=I-wAR1vhv9o1m65v-SWA_m-UaWsPuAAwvEYliETaCz6fFJ4kc83F3TinetP4Lg

· https://www.nytimes.com/aponline/2020/06/13/world/americas/ap-lt-virus-out-break-trailblazing-medellin.html?auth=login-facebook

· https://www.peaceinsight.org/en/organisations/corporacion-de-arte-y-poesia-pro-meteo/?location=colombia&theme

· https://www.streetfilms.org/ciclovia/

· https://www.voanews.com/a/covid-19-pandemic_colombias-medellin-emerges-surprise-covid-19-pioneer/6191077.html